Harvard Business Review Press

人を動かす力

ハーバード・ビジネス・レビュー編集部 編
DIAMONDハーバード・ビジネス・レビュー編集部 訳

ダイヤモンド社

Emotional Intelligence
EI シリーズ

Harvard Business Review
Emotional Intelligence
INFLUENCE + PERSUASION

INFLUENCE and PERSUASION

HBR Emotional Intelligence Series

by

Harvard Business Review

Published by arrangement with Harvard Business Review Press, Brighton, Massachusetts
through Tuttle-Mori Agency, Inc., Tokyo

人を動かす力　INFLUENCE + PERSUASION　目次

［日本語版に寄せて］

人を動かすとはどういうことか

経営共創基盤グループ会長　**冨山和彦**

先見性のあるビジョンを掲げて、説得力あふれるプレゼンテーションを行い、卓越したリーダーシップで組織や人を自在に動かしていく――そうしたスキルやメソッドを期待して本書を手に取った読者の皆さんに、まず、申し上げなければいけないことがあります。それは幻想にすぎません。

私はこれまで数多くの企業の再建や再生を手がける中で、多くの経営者が影響力を発揮すべくカリスマのごとく振る舞った結果、従業員を不幸に陥れた例を目の当たりにしてきました。見せかけのリーダーシップで人を動かすことはできないのです。

だからと言って、悲嘆に暮れる必要はありません。人間の心理や行動に関する原理原則を理解し、正しく実行すれば、カリスマ性や強いリーダーシップがなくとも、影響力を発揮し、パフォーマンスをあげることができます。

そもそもの大前提として私が意識していることが二つあります。

まずは、神ならぬ人間が、他者の価値観、宗教観、社会観を変えるのは容易ではないということです。人格形成期にある子どもや若者ならまだしも、社会人経験があり、守るべき家族なども持つミドル世代以上の価値観を変えることは、まず無理だと思ったほうがいいでしょう。強引に働きかけて一時的に変えることはできるかもしれませんが、長期間に渡って継続させることは難しい。

もう一つが、人々が求めるインセンティブは一人ひとり異なることです。経済学では経済的インセンティブとして括られてしまいがちですが、最低限の生活に困らない報酬を求める点では当てはまったとしても、それ以外はばらばらです。単に報酬が高ければいい人もいれば、昇進や昇格を求める人もいます。人間関係やコミュニティの安心感など職場の心理的安全性を求める人もいます。仕事そのものの充実感を一番に求める人もいるでしょう。

また、同じ人物であっても、人生やキャリアの中でインセンティブが変わることもあります。たとえば両親を介護する必要が生じた人にとっては、報酬より時間に余裕があるほうがよほど大事だったりします。

ゲームの性格を見極め、観察力を磨く

他人の価値観はそう変えられないし、求めるインセンティブも人それぞれに異なる。そんな中、組織や人を動かすためにリーダーができることは何でしょうか。

私が何より大事だと考えるのは、自分が率いる組織が現在ないし今後行おうとしているビジネスや事業の性格と、そこで勝つための本質を見極めることです。

たとえば、オペレーションを磨き上げることが競争優位性をもたらす既存事業と、前例のないクリエイティブなサービスや商品を生み出す新規事業を比較すれば、前者は、コミュニケーションや協調性を重視し、ミスを減らし生産性を高めることが求められるのに対し、後者は、既存の常識にとらわれないアイデアを考え、具現化することが求められます。事業の性格が違えば、勝つための戦略や本質は自ずと異なるのです。

リーダーが影響力を効果的に発揮できるのは、ゲームに勝つための戦い方、および勝利して

得られるインセンティブが、組織を構成する人々の価値観や優先順位と合致している場合に限られます。

オペレーション重視型の事業は一般的に流れ作業が多く、能力の最も低い人が全体のボトルネックとなるため、底上げ式のボトムアップ型アプローチを採用します。メンバー同士が緊張関係を持ちつつ互いを助け合う風土づくりがカギを握るため、個人よりもチーム単位のパフォーマンスやチームワークを称賛する方法が有効となります。これまで日本企業が得意としてきた領域です。

一方、個々のクリエイティビティが求められるビジネスにおいては、まったく様相が異なります。最も能力が高い人に圧倒的なパフォーマンスを発揮してもらうことが何より重要であり、そのためにチーム全体がサポートしていく仕組みが求められます。

このように、ゲームの性格によって掲げるビジョンも、適応する人材やチーム編成も変わり、誰のどこを褒めるかも異なってきます。ゲームの性格に合わない方法で動機付けようとしたところで、空回りすることは明白でしょう。

同時に、人を動かすリーダーに不可欠なのが人間を観察する力であり、また、観察して得た情報からその人の価値観やインセンティブなどを洞察する力です。

人間は一様ではありません。同じ日本人でも多様性があり、同じ人物でさえ人生やキャリアの中で価値観や優先順位は変化します。ですから、メンバーを常に観察し、些細な変化も見逃さないようにしなければなりません。

ミーティングの時と廊下ですれ違った時の仕草や表情のちょっとした違いを敏感にとらえ、心境の変化があるかなどを推察します。そうでなければ、まず、その人自身が何に価値を感じているか、あるいは、どのようなタイミングで背中を押せば一歩踏み出せるかを見極めることはできないでしょう。

さらに言えば、個人への洞察が不足したまま、人間の集合体である組織に働きかけることなどできません。その意味で、他者に関心を持てない人は、そもそもリーダーとして不適格と言わざるをえません。

観察力を磨くうえで有用なのが古典です。私はマキャベリの『君主論』やカエサルの『ガリア戦記』などの古典が好きで、昔からよく読んでいます。

『君主論』が面白いのは、説教くさくないところです。指導者やリーダーはこうすべき、こうあるべきなどの倫理や道徳をあまり説かず、起きた事実を淡々と書いている。そこから人間のさまざまな行動原理や行動様式を読み取ることができます。

また、『ガリア戦記』に登場するカエサルのリーダーとして優秀な点は、自らを客観視できるところです。異民族との闘いを書き残すとなれば、通常は感情移入したり、価値観が色濃く反映されていたりしても不思議はありません。

ですが、カエサルは起きていること、そして目の前の戦いに挑むか回避するか、戦争を続けるか和平に向けて動くべきか、戦後統治をどうすべきかといった自らの判断までをも、第三者の目で飾ることなく書いている点が参考になります。筆者であるカエサル自身が自らを「カエサルは……」と三人称で描きながら。

人間である限り誰しも何らかのバイアスがあるのは仕方ないが、それに甘んじて色眼鏡をかけ続けていると、もはや色付きの世界しか見えなくなってしまう。その点で古典は、普遍的な人間の本質、優れたリーダーや指導者の素質、人間が持つ個性への洞察力を磨くきっかけとなるのでおすすめです。

影響力を持つ者の責任

一人ひとりに個性があるのと同様に、企業や組織といった集団にも個性が存在します。経営者やリーダーがこのような「集団個性」に対して影響力を発揮できるかによって、パフォーマンスは大きく左右されます。

私が行っている仕事の一つに、日本企業のCX（コーポレート・トランスフォーメーション）があります。いま、多くの日本企業はゲームチェンジを迫られています。人工知能（AI）やソフトウェア分野はもちろん、EVシフトが急速に進む自動車産業など、これまで日本が得意としてきた製造業にも変化の波は広く及んでいます。

問題は、従来の集団個性では戦えない企業が多いことです。企業を構成するコミュニティやインセンティブ構造が、これから対峙すべき環境とかみ合わなくなっているのです。

軍隊を例にとって説明すると、日本企業が比較的得意だったのは陸軍的な動き方です。多くの兵隊を一様に訓練し、戦闘においては指揮官が作戦を立て、兵隊は指示通り秩序立って行動し任務を遂行する、オペレーショナル・エクセレンスを極める方向です。

一方、いま求められているのは空軍的な動き方です。超音速戦闘機や爆撃機などを少数のパイロットが操り、攻撃ポイントまで多くの程度を自らの裁量で判断し、攻撃を実行する。もちろん空軍にも作戦や指令といったものはありますが、陸軍と比べればはるかに権限委譲されています。

陸軍的な地上戦を得意とする人々に対し、空軍的な戦闘をできるように変えるのは至難の業であることは自明でしょう。

日本企業の場合、さらに難しい問題を抱えています。これまでは同質性が極めて高かったため、単一的な価値観や動機付けに基づく昭和的なマネジメントがうまく機能してきました。しかし、いまや雇用形態も年代や性別も多様化しており、個々人の価値観や優先順位も自ずと異なってきます。

特に深刻なのが、昭和世代と若手のデジタルネイティブ世代とのギャップです。多くの日本企業に横たわる構造問題と言ってもよい。そうした根源的な病巣にメスを入れず、ビジョンや体制など表層だけを変えたところで変革が成功するはずがありません。

成功できない理由は、経営者の力量不足に尽きると思います。病巣を抱えている企業の多くも、かつては創業経営者や中興の祖と呼ばれる名経営者のリーダーシップで成長してきました。しかし、いまや改革マインドは失われ、自分の任期を事なかれ主義で過ごすサラリーマン経営陣が多くを占めています。

企業の改革というものは、地道かつ長い道のりをかけないとできません。一〇年単位の仕事であり、経営陣は当然のこと、従業員、ひいては外部者の協力も含めて行う壮大な共同作業なのです。

そのような一大ドラマの中にあっては、経営者と言えど、一時的に一部分の役割を果たす存在にすぎません。チャップリンのように最初から最後まで一人で何役もこなすのは難しい。功を急がず、適材適所の人材を配し、五年、一〇年、一五年と長い年月を見越して必要な手を打ち続ける必要があります。

なかでも最も難しい問題の一つが、新しいゲームに付いて来られない従業員への対処でしょう。各人の意欲や努力にもよりますが、どうしても合わない従業員には早めに人生の選択を切り替えてもらったほうが幸せかもしれません。

もし従業員を三割リストラすることで会社が存続可能となり、残り七割の従業員が助かるのであれば、集団としてはやむをえない判断ですが、リストラされる個人にとっては大問題です。経営者やリーダーの判断には大きな影響力があり、リストラする従業員の人生を壊さないよう腐心するのは当然です。人生のすべてを保障することはできませんが、その時にできる最善を尽くす義務があります。

最悪なのは、厳しい判断をだらだらと先送りし、取り返しのつかない事態にまで状況を悪化させてしまうことです。私が再建や再生に携わった企業では、そうした悲惨な事例を数多く目の当たりにし、またその「後始末」をしてきました。

結局のところ、リストラする従業員に対し、会社が提供できることは時間とお金しかないのです。時間とお金に少しでも余裕があれば、その人が転身できる機会は高まります。お金については当然、ない袖は振れませんが、出せる範囲で手当てし、人生を犠牲にするリスクを下げるために粉骨砕身すべきでしょう。そして「時間とお金」をつくるには、早めの撤退判断も大事です。

影響力がある立場に立つ人は、時に自らの意思決定、発言や行動が他人を追い込んでしまうという残酷な側面があることを心得ておかなければなりません。だからこそ、経営者やリーダーは己や分をわきまえ、一人ひとりを注意深く観察し、真摯に向き合う必要があるのではないでしょうか。

それがリーダーの責任であり、そのような覚悟を持たずしてその地位にいるべきではありません。これらの前提を踏まえたうえで、本書に書かれているメソッドやノウハウを活用し、より素晴らしいリーダーになることを願っています。

1

影響力を身につけるための四要素

ニック・モーガン
Nick Morgan

"Understand the Four Components of Influence,"
Power Cues, Harvard Business Review Press, 2014. からの要約

影響力は、多くを語れば得られるものではない

口数は少なくても話すことに意味と重みがある人、あるいは、沈黙によって会話を支配する方法を知っている人がいる。つまり、影響力というものは、多くを語れば得られるというものではなく、ポジションパワー、感情、専門知識、そして非言語的シグナルを効果的に利用することで得られるのである。

リーダーとして成功を収めたければ、これら影響力の四つの要素を自分のものにすることが不可欠だ。

①ポジションパワー

部下に対する上司のように、相手より優位な地位や立場にあることがもたらすパワーがポジションパワーだ。これがあれば、影響力を発揮するのは比較的簡単だ。

ポジションパワーのある人は、相手より多く話したり、相手の話を遮ったり、話題を自ら選んだりすることによって、話の流れをコントロールする傾向がある。

逆に、その場の顔ぶれのなかでポジションパワーを行使できない時は、あまり話さず、人の話に割り込まず、自分から話題を設定することも少なくなる。

自分に関心のあるテーマを選んで人より多く話すというのは、ポジションパワーを持つ人がそのことを示す方法の一つだと言える。

②感情

ポジションパワーで上回る相手に挑戦したい場合はどうすればよいのだろう。たとえば、売り込みたい製品やアイデアがあり、買ってくれるかもしれない人に話を聞いてもらっている状況を想像してみよう。ポジションパワーで上回る相手を、どうすればコントロールすることができるだろうか。

そこで登場するのが影響力の第二の要素、感情である。感情はポジションパワーに対抗する一つの方法であり、適切に使えば、たいていは会話を支配することができる。一方がポジションパワー、他方が感情に訴えるスキルを持っている場合、影響力のバランスは拮抗《きっこう》する。

実際、話し手に強い思い入れがあり、周到に準備していれば、地位や立場の優位性を覆すことができる。

たとえば、タレント発掘コンテストで、突然現れた無名のパフォーマーが審査員の心を奪い、一気に勝敗を決めてしまうといったシーンは、まさに感情の持つパワーを示していると言える。パフォーマンスの純粋さと、それが引き起こす強い感情には、優位なポジションパワーを持つ審査員をねじ伏せ、味方に引き入れる力がある。

実際に、熱のこもった演説、恩赦を求める嘆願、陪審員を泣かせて被告の無罪を勝ち取る弁護側の最終弁論……観る者の感情に強く訴えるクライマックスシーンは、ハリウッド映画の定番である。

③専門知識

強い感情はしばしば、影響力の第三の要素である専門知識と結びついている。感情に訴える力と専門知識の両方があれば、ポジションパワーに打ち勝って会話を支配することができる。

控えめな専門家の話は、人を押しのけてでも自分の話を聞かせようとする人々の喧騒にかき消されてしまいがちで、ただちには影響力を発揮できないことが多いが、忍耐強く話し続ければ、最後に議論に勝つのはこの能力である。

④非言語的シグナル

影響力の最後の要素は非言語的シグナルである。四つの要素のなかで最も微妙で、これがポジションパワーや感情、専門知識に勝ることはめったにない。しかしまれに、これを巧みに駆使することで他の要素を凌駕する影響力が発揮されることがある。こうしたことは、人と人の相互作用が織りなす関係性のダンスを、非言語的シグナルが支配する時に起こる。

誰もが無意識のうちに、上手下手はあるにせよ、この要素を使っている。私たちは幼い頃から、人との会話は、息づかい、まばたき、うなずき、アイコンタクト、首のかしげ方、身振り手振りを駆使したパ・ド・ドゥ（男女二人によるバレエ）だということを学習しているからだ。会話は、二人またはそれ以上の数の参加者が、自分の意思を伝えるのに役立つあらゆる非言語的シグナルを駆使して行うゲームだとも言える。

実際、非言語的シグナルを使わなければ、会話は効率よく進まない。電話での会話が、顔を合わせて行う会話ほど満足な成果を生まないのはそのためだ。電話会議で中断や行き違いが生じたり、複数の参加者が同時に発言してしまったりするのもそのためだ。

人と話をしている時、私たちは非言語的シグナルによって、相手の話が終わってバトンが自分に渡ったことを察知する（その逆も然り）。非言語的シグナルがなければ、会話はスムーズに進まない。

それでは、非言語的シグナルだけを使って影響力を行使することはできるだろうか。通常、この要素より、他の三つの要素のほうが勝っている。だが私は、あるシニアエグゼクティブが、非言語的シグナルを使って、居合わせた人々を苦もなく支配するのを見たことがある。

それは、ＩＴの将来について議論するために、世界中から研究者を集めたパーティ会場だった。そこにいる全員が、基本的には対等な立場にある。そのエグゼクティブに特別なポジションパワーがあったわけでもないし、話しているテーマに特別な情熱を持っているわけでもなさそうだった。それなのに、ほんの数分で、その場の全員の注意を引きつけることに成功し、ざわつく会場を静まり返らせたのである。

話のなかで巧みに非言語的シグナルを操り、発する言葉のビートによって、まるで全員を手のひらの上で踊らせているようだった。見事なスピーチの名人芸を見る思いがしたものである。

以上、影響力の四つの要素を説明した。影響力は、ゲームの参加者が四つの要素をどれだけ持っていて、効果的に使うかで決まる。

＊　＊　＊

誰もが無意識のうちにこの要素を使っており、また相手が使うのを察知している。人に影響力を及ぼすためには、四つの構成要素のうち少なくとも一つ、できれば複数を駆使する必要がある。

ニック・モーガン（Nick Morgan）
著述家、講演者、コーチ。コミュニケーション・コンサルティングのパブリック・ワーズ設立者。
本稿は *Power Cues : The Subtle Scienmce of Leading Groups, Persuading Others, and Maximizing Your Personal Impact*（Harvard Business Review Press, 2014）の翻案である。

2

人を動かす「説得」の心理学

ロバート・チャルディーニ
Robert Cialdini

"Harnessing the Science of Persuasion,"
HBR, October 2001.

説得を「芸術」から「科学」へ

聴衆の心をわしづかみにする方法。意見の固まっていない人々を引きつける方法。反対の立場を取っていたはずの人々をなびかせる方法――。

これらの方法を心得ているのは、ごく一握りの人々のみである。こうした「説得の達人」が周囲に魔法をかける様子を見ていると、感嘆すると同時にいらだちを感じずにはいられない。

感嘆するのは、カリスマ性と弁舌の巧みさによって他人を意のままに操っている点、そしてそれ以上に、相手の心を強く引きつけて話に聞き入らせている点である。

それでは、なぜいらだちを感じるのか。生まれながら高い説得力を持った人々の多くが、その傑出したスキルを解き明かすことも、他人に伝授することもできないからだ。

彼ら彼女らは、いわば芸術を究めているのである。芸術家は一般に、アートを実践することには長けているが、その秘訣を他人に伝えることは得意としない。

世の中には、カリスマ性にも説得力にも乏しいにもかかわらず、リーダーとして部下に何とか仕事をしてもらわなければならない人々がいるが、芸術家はそうした人々の力になることができない。

「部下に何とか仕事をしてもらう」というのは、多くの企業のマネジャーにとってつらいけれども避けられない任務である。マネジャーたちは、自分のことばかりを考えているような社員を相手に、日々、どうすればモチベーションを引き出すことができるのか、どのような指示を出せばよいのか頭を悩ませている。

「上司の言うことを聞け」などというセリフはまったく通用しない。こうしたセリフは、悪くすれば部下のやる気をそいだり、プライドを傷つけたりしかねない。

そうでなくとも、クロスファンクショナル（機能横断的）・チーム、ジョイントベンチャー、企業間提携などのように、上下関係が曖昧で、建前上の上下関係よりも説得力のほうがはるかに大きな影響力を持つ状況で仕事をする場合には、まったく意味をなさないだろう。

話を元に戻そう。説得力の必要性はかつてないほど高まっているように思われる。しかし、才能ある人々から秘訣を伝授してもらえそうもないのであれば、科学に目を向けることによって説得術を身につけるしかない。

この五〇年の間、行動科学の諸実験によって、相手からいかにして譲歩、従順さ、態度の変化などを引き出せばよいかといった研究が飛躍的に進み、次のことがわかった。

①説得というのは、人間の根源的な衝動やニーズの一部に訴えかけるものである。

②そこには予測可能なパターンが存在する。

言い換えれば、説得にはいくつかの基本原則があって、教え、学び、応用することができる。それらの原則をマスターしさえすれば、厳然たる科学に基づいてコンセンサスを形成し、契約を勝ち取り、譲歩を引き出すことができる。

本稿では、説得の基本原則とそれを実務に応用するための具体的ヒントを紹介していく。

原則① 好意を示す——人々は好意を示してくれた相手の説得に応じる

具体的ヒント：自分と相手の共通点をアピールする。相手を心から称賛する。

初めに格好の事例を挙げたい。「タッパーウェア・パーティ」である。タッパーウェア製品のデモンストレーションは、個人——ほぼ一〇〇％女性である——が多くの友人、隣人、親戚などを招いて開き、招待された人々は、主催者への好意からタッパーウェアを購入する。この事実は、一九九〇年に実施された調査によって裏づけられている。

この調査を行ったジョナサン・フレンツェンとハリー・デイビスは、『ジャーナル・オブ・コンシューマー・リサーチ』誌にこう書いている。

「『主催者の好感度』と『製品の印象』を比べると、購買決定への影響力は前者が後者の二倍にも上る。すなわち、参加者は自分のためだけでなく、主催者に喜んでもらうためにタッパーウェアを購入しているのである」

同じようなことは、ビジネス全般にも当てはまる。したがって、人々に影響を及ぼしたいなら、友好的な関係を築くことである。

具体的にはどういった方法があるのだろうか。一定の条件下での調査によれば、友好関係を築くうえで役に立つ要素はいくつもあるが、とりわけ「共通点をアピールすること」と「相手を称賛すること」の二点が大きな意味を持っているという。

人間誰しも、共通点を多く持った相手と引かれ合うものである。一九六八年に『ジャーナル・オブ・パーソナリティ』誌に掲載された記事によれば、政治観や社会観が似通っていることを知ると、人と人との心理的距離は縮まるという。

また、『アメリカン・ビヘイビアル・サイエンティスト』誌に一九六三年に掲載された記事によれば、保険のセールス担当者と顧客が、年齢、宗教、政治、さらには好みのタバコなどの点で似ている場合、成約率が高い傾向があるという。基礎となったのは、著者F・B・エバンスが保険会社から入手した人口統計学に基づいたデータである。

企業のマネジャーも相手との共通点を引き合いに出せば、入社してまもない部下、他部門のトップ、新しい上司などとの絆を強めることができるだろう。仕事の合間に雑談をすれば、共通点（趣味、応援しているバスケットボール・チーム、ドラマ『となりのサインフェルド』の再放送を楽しみにしていることなど）を見つける格好の機会となる。

大切なのは、早い時期に絆を築くことである。そうすれば、以後のあらゆる局面で好意や信頼を生み出すことができる。説得しなければならない相手がこちらに好意を持ってくれていれば、プロジェクトへの支持を取りつけるのも難しいことではない。

他方の「称賛」は、相手の心を魅了する、警戒心を解く、といった役割を果たす。称賛の中身は必ずしも事実を反映していなくてもよい。

ノースカロライナ大学の研究者グループは、『ジャーナル・オブ・エクスペリメンタル・ソーシャル・サイコロジー』誌に「人々は、自分に惜しみない称賛を寄せてくれる相手に非常に強い好感を持つ。たとえその称賛の内容が真実ではないとしても」と書いている。

また、エレン・バーシャイドとエレーヌ・ハトフィールド・ウォルスターは、『好感』[注1]（未訳）で実験データを示しながら資質、態度、業績などを褒めると、相手から好意、ひいてはこちらの望みをかなえようとする気持ちまで引き出せると述べている。

相手を称賛するという原則をうまく活かせば、実り多い人間関係を築けるだけでなく、ギクシャクした関係、非生産的な関係を修復することもできるだろう。

たとえば、自分が大きな事業部を率いていると想定していただきたい。業務を遂行するためには、虫の好かない相手――名前を仮に「ダン」としておこう――としばしばコミュニケーションを取らなければならない立場にある。だが、こちらがどれほど骨を折っても、ダンは満足しないようである。それどころか、たとえこちらが最善を尽くしてもけっしてそれを認めようとしない。

そうしたダンの態度――明らかにこちらの能力を見くびり、善意をまったく信じていない点に憤慨して、あなたは彼とのコミュニケーションに十分な時間を費やさなくなってしまった。その結果、ダンの事業部もあなたの事業部も業績を悪化させている。

称賛に関する調査をひもとくと、このこじれた関係をどのようにして修復すればよいかが見えてくる。

見つけるのは苦労するかもしれないが、ダンにも心から尊敬すべき点が必ずあるはずである。部下への気遣い、家族への思いやり、あるいは仕事上の倫理……何らかの美点を探し出して、次にダンに会った時に褒めてみてはどうだろう。

その際には、あなたとダンの価値観に重なる部分がある点を強調するとよい。おそらく、ダンはあなたへの否定的な気持ちを和らげ、能力や善意を示すきっかけを与えてくれるだろう。

原則② 心遣いを怠らない――人は親切な行為を受けると、それに応えようとする

具体的ヒント：自分がしてもらうと嬉しいことを相手にもする。

こちらが褒めるとダンの心が温まり、態度が柔らかくなる。なぜだろうか。たとえ偏屈であっても、ダンも人間だから、こちらの態度次第で自分の態度を変えるのである。同僚から微笑まれて同じように微笑みを返した経験があれば、あなたもこの原則の意味することがわかるだろう。

たとえば、慈善団体も、助け合いの精神に訴えて寄付を集めている。米国傷痍退役軍人会などは何年も前から、「寄付のお願い」の文面を工夫することで、送付先の一八%から寄付を得ていた。

ところがある年、小さなプレゼントを同封してみたところ、寄付率は実に三五%――それまでの二倍近く――に跳ね上がったという。プレゼントは住所用シールというきわめて簡素なものであったが、受け手にとって重要なのは中身ではなく、プレゼントをもらったという事実なのである。

同じことはビジネスの世界にも当てはまる。サプライヤーは、クリスマスになると顧客企業の調達部門にプレゼント攻勢をかける。言うまでもないが、目的は単に季節のあいさつをすることではない。

一九九六年の『インク』誌のインタビューによると、企業の購買マネジャーは、サプライヤーから贈答品を受け取った後には、予定外の製品であっても購入したいと考えるようになるという。プレゼントは、顧客のリテンション（維持）にも大きな影響を及ぼす。

私はかつて、自著を読んでくれた人々に、「どのようにすれば他人に影響を及ぼすことができるか、その原則を知っていたら教えてほしい」と頼んだことがある。オレゴン州の職員だというある読者は、なぜ自分が上司に尽くそうという気持ちを持っているか、その理由をしたためてくれた。

私の上司は、毎年忘れずに誕生日プレゼントをくれます。そのうえ、クリスマスには息子の分までプレゼントを用意してくれるのです。

現在の部署では私に昇進の可能性はなく、もしいま以上の昇進を望むのであれば、他の部門に移るしかありません。ですが、異動を希望しようという気持ちにはどうしてもなれないのです。

上司がまもなく定年になりますから、異動の希望を出すのはその後にするつもりです。

……上司がそれほどよくしてくれるものですから、彼がいる間はこの部署を離れたくないのです。

プレゼントを贈るというのは、心遣いを示す素朴な手法である。原則②をよりスマートに実践すると、「先行者利益」の法則通り、必ずや相手から前向きな姿勢を引き出し、実り多い人間関係を築くことができる。

こちらから率先して相手に心遣いを示すことによって、同僚や部下から望ましい行動を引き出せるのだ。信頼感、協力の精神、好ましい態度……何にせよ、部下に何かを望むのであれば、まずは自ら実践することである。

情報の共有や経営資源の配分などに苦慮している場合にも、同じことが言える。切迫したスケジュールのなか、同僚が人手不足に悩んでいるとしよう。部下にその仕事を手伝わせれば、困った時に相手から助けを得られる可能性は大きく上がるだろう。謝意を伝えられた時に次のように答えておけば、なおのことである。

「いいえ、とんでもない。私も困ることがあると思いますから、お互いさまです」

原則③　前例を示す――人々は自分と似ている相手に従う

具体的ヒント：共通する知人の前例を引き合いに出す。

人間は社会的動物であるから、考え方、感じ方、行動の仕方に周囲からの影響を強く受ける。誰もが直感的に知っているこの事実は、実験によっても証明されている。その先駆けとなった、一九八二年に『ジャーナル・オブ・アプライド・サイコロジー』誌に掲載された実験を紹介したい。

場所はサウスカロライナ州コロンビア、内容は一般の家庭を訪問して寄付を募るというものである。協力を呼びかける際には、すでに寄付をしてくれた人々のリストを見せるのだが、そのリストが長ければ長いほど相手から「イエス」の答えを引き出しやすいことがわかった。寄付を求められた人にしてみると、すでに友人や隣人の名前が載っているリストは、自らの行動指針となる。この「友人や隣人」という点が重要で、リストに載っているのが知らない人々ばかりであれば、指針として大きな効果は期待できない。

一九六〇年代に『ジャーナル・オブ・パーソナリティ・アンド・ソーシャル・サイコロ

ジー』誌に次のような事例が紹介されたことがある。

ニューヨーク市で、街行く人々に「財布を拾ったら、持ち主に返してもらえませんか」と頼んでみた。その際に「以前にも他のニューヨーカーが力を貸してくれました」と伝えると、協力を得られる可能性が高くなるという。ところが「以前にも外国人が力を貸してくれました」と伝えても、相手の心を動かすことはできなかったのだそうである。

これら二つの実験からわかるのは、部下に何かを説得したいのであれば、他のチームメンバーの前例を引き合いに出すとよいという点である。

セールス担当者の大多数がすでに心得ている事実は、科学も証明している――クチコミは、多くの共通点を持った顧客の間で威力を発揮する。この教訓は、たとえば新しい施策の意義を部下に訴えたい時にも役に立つ。

仮にあなたが部内の業務プロセスを合理化したいと考えているが、ベテラン社員たちからの抵抗に遭っているとしよう。

このような場合、あなた自身がその施策のメリットを説くよりも、賛成してくれているベテラン社員に皆の前で意見を述べてもらうことを勧めたい。同僚からの太鼓判は、きっと他のベテラン社員たちの納得を引き出すだろう。上司のあなたがコメントをつけ加える必要はないはずである。

ここでポイントをまとめておこう。影響力は上から下へというよりも、横方向に強く働くものである。

原則④　言質を取る——人々ははっきりと約束したことは守る

具体的ヒント：周囲にわかるように自発的に約束させる。

相手から好意を引き出すのは、有効な戦略である。とはいえ、説得に際しては自分の人間性、考え方、製品などに単に好意を持ってもらうだけでは十分でなく、目標へのコミットメントを引き出さなければならない。

恩を施すのも相手に〝貸し〟をつくる一つの方法だが、もう一つの方法は、相手から公にコミットメントを引き出すことだろう。

私の研究によれば、人々はひとたび何かに賛成を表明すると、その立場を守り続けようとする。このことは他の調査でさらに補強されている。つまり、一見したところ何でもないような小さなコミットメントですら、後の行動を大きく縛るのだ。

一九八三年の『パーソナリティ・アンド・ソーシャル・サイコロジー・ブレティン』誌に、イスラエルの研究者がこう書いている。

ある大規模なアパートで全戸の半数に、老人や身体障害者向けにレクリエーション施設をつくるための署名を求めた。善意に根差した請願で、大きなコミットメントを求められているわけでもないことから、ほとんどの人が署名をしてくれた。

その二週間後、「身障者の日」に今度は全戸に寄付を求めてみた。すると、初めて訪れた先では半数が応じてくれた。ところが、先に署名をした人々は、実に九二%が寄付をしてくれたのである。

明確に、公に、また自主的にコミットメントをしたため、それを守る義務を感じていたのである。この「明確に」「公に」「自主的に」という三点は独立に見ていく必要があるだろう。

人間は明確に意思表示をすると――声高に宣言したり文書に残したりすると――、その内容に沿って行動する可能性が高くなる、という実証的事実がある。

一九九六年の『パーソナリティ・アンド・ソーシャル・サイコロジー』誌にデリア・チョッフィとランディ・ガーナーが以下のように記している。公立学校に向けてエイズ予防の啓蒙活動を企画した時のことである。

学生ボランティアのあるグループでは、「公立学校のエイズ啓蒙活動へ参加します」との書面を全員に寄せてもらった。もう一方のグループには、「参加したくない」との意思表示をしなかった学生ばかりを集めた。数日後、ボランティアを招集してみると、全体の七四%が参加を書面で約束したグループの学生で占められていた。

マネジャーの方々、どうすれば望み通りの行動を部下に取らせることができるか、もうおわかりだろう。そう、部下たちに文書でコミットメントを示させればよいのである。

たとえば、レポート提出時期を厳守するように命じたい場合、部下が同意したら、その旨を文書で提出させるとよい。そうすれば、約束が守られる可能性は大幅に上がる。人々は、文書で約束したことは守ろうとするものである。

コミットメントの社会的性格についての研究によれば、文書を多くの人々に公表すると、その内容が守られる可能性はいっそう高まるという。

この点に関しては古典的な実験がある。一九五五年に『ジャーナル・オブ・アブノーマル・アンド・ソーシャル・サイコロジー』誌に掲載されたものがそれである。

この実験では、大学生を対象に、三つのグループに分け、画面上に映し出された線の長さを推測するよう求めている。

第一のグループには、答えを紙に記入して署名のうえ提出するように求めた。第二のグループには、ボードに答えを記入して、その後すぐに消すようにと指示した。そして第三のグループには、答えを心のなかにしまっておくように指示した。

次に主催者は、根拠を示しながら、「あなたたちの答えは間違っている可能性がある」と各グループに伝えた。

答えを公表していない第三のグループの学生たちは、間違いなく考え直した。ボードに答えを記入し、すぐに消した第二のグループの学生たちは、最初の答えにこだわった。しかし、最初の答えを変えようとしない傾向は、署名をした第一のグループがとりわけ顕著だった。

この実験が浮き彫りにしているのは、私たちには他人の前で首尾一貫した行動、ないしは姿勢を示したいという気持ちがあるという点である。

部下にレポートの提出期限を守らせる件に話を戻すと、「一度示した意思や態度は変えたくない」という気持ちをうまく利用するのがよい。ひとたび相手に「期限を守るのは大切なことである」と納得させたら、そのことを周囲に知らせて、約束を守るように仕向けるとよい。

本人に、こんなメールを送るのも一案である。

「とても大切な約束をしてくれたので、製造担当のダイアンや出荷担当のフィルにも見せました。二人とも『素晴らしい！』とコメントしていました」

約束に正当性を持たせるためにはさまざまな方法があるだろうが、いずれにしても、新年の誓いのように誰もがすぐに忘れてしまうようなものではいけない。内容を公表し、多くの人々の目に触れさせるようにしなければならない。

いまから三〇〇年以上も前に、英国の詩人サミュエル・バトラーが、自発的に約束されたものでなければ、長続きしないし、効果もないことを簡潔に述べている。

「無理に約束をさせられた人は、自分の意志を捨てていない」

誰かから強制されたのでは、コミットメントとは呼べない。歓迎されざる重荷である。もしあなたが上司から、政治家の選挙運動への寄付を求められたらどうだろうか。投票所でその候補者に投票する可能性が高くなるとは考えにくい。

事実、シャロン・S・ブレームとジャック・W・ブレームは、一九八一年刊行の『心理的反作用』(注2)(未訳)で、「寄付を強制した上司への怒りから、逆の行動に出るおそれが強い」として、根拠となるデータを紹介している。

このような反動は、職場でも起きる可能性がある。そこで、レポート提出期限に遅れる部下の事例に再び戻ろう。

部下の行動パターンを永久に変えたいのであれば、脅したりプレッシャーをかけたりするやり方は賢明ではない。そんなことをすれば、相手は自らの意思でコミットメントを表明したのではなく、強制されてやむなく従ったと考えるだろう。

できれば、部下が何に価値を置いているかを探り出して(仕事のスキルやチームワークなど何でもよい)、レポートを期限内に提出することが、その価値と相通じる側面があることを説明するとよい。

そうすれば、相手にとって、改善への動機づけとなるだろう。自分自身で必要性を認識すれば、相手はあなたが目を光らせていなくとも目標へ向けて努力を続けるはずである。

原則⑤ 権威を示す——人々は専門家に従う

具体的ヒント：自分の専門性や専門知識を周囲に示すこと。「当然知っているだろう」と考えるのは早計である。

いまから二〇〇〇年前に古代ローマの詩人ウェルギリウスが、「どうすれば正しい判断を下せるでしょう」と相談した人々に対して、「専門家の意見に従うように」といった趣旨のことを述べている。

これが適切なアドバイスであるかどうかはさておき、人々がこの教え通りの行動を取っているのは間違いない。現に高名な専門家の意見がメディアで紹介されると、驚くほど大きな反響が生まれる。

一九九三年に『パブリック・オピニオン・クオータリー』誌に掲載された研究によれば、『ニューヨーク・タイムズ』紙に専門家の意見が載ると、世論調査ではそれと同じ回答をする者の比率が二％ほど増えるという。

一九八七年の『アメリカン・ポリティカル・サイエンス・レビュー』誌には、全国放送で専門家が意見を述べると、世論調査の結果を四％動かすとある。

皮肉な見方をする人々は、世間がいかに付和雷同であるかがわかるだけだ、と考えるかもしれない。

だが、別の解釈をすべきではないだろうか。複雑このうえない現代社会では、信頼できる専門家の意見は価値が高く、それに従うと効率的に正しい判断に到達できる。

実際のところ、法律、金融、医療、テクノロジーといった問題のなかには、専門知識がなければ判断できないものがある。専門家に頼る以外に問題を解決する方法があるだろうか。

このように専門家が重んじられるのには、それ相応の理由がある。したがって企業のマネジャーたちは、十分な専門性を身につけてから周囲に影響力を及ぼすように注意すべきである。ところがあきれたことに、「自分は高い専門性を持っていると評価されている」と誤解している事例が散見される。私が同僚とともに、ある病院にコンサルティングを行っていた時にも、こんなことがあった。

理学療法士が、心臓発作で入院していた患者が退院と同時にリハビリをやめてしまうケースがあまりに多いと嘆いていた。自宅で定期的にリハビリをすることの必要性を何度説いても、馬耳東風なのだという（リハビリは身体機能の回復に欠かせないのだが……）。

そこで一部の患者にインタビューを試みたところ、理由が判明した。患者は医師の経歴や研修受講歴は知っているが、理学療法士についてはどういった資格を持っているのかをほとんど知らなかったのである。

この情報不足を解消するのは難しいことではなかった。理学療法の責任者に依頼して、療法室の壁にスタッフの受けた賞状、卒業証明書、資格証明書などを貼り出すようにしたのである。その結果、リハビリの実施率が実に三四％もアップし、以後その水準で保たれている。

私は、この結果そのものだけでなく、そこに至るプロセスに大きな価値を見出している。患者をだましたり脅したりするのではなく、情報を提供することによって、好ましい方向へ誘導することができた。つくり話をすることも、多大な時間や資源を費やすこともなく済んだ。理学療法士は真の専門性を持っている。私たちはただ、その事実に光を当てただけである。

ところが、企業のマネジャーが周囲に専門性を納得させるのは、それほど容易なことではない。卒業証明書を壁に貼り出しただけでは、注意を引きつけることができないため、少しばかり知恵を働かせる必要がある。

米国以外の国々では、初対面の相手とビジネスをする際には、まずお互いを知るための場を設けることが習慣となっている。たとえば、会議や交渉の前日にディナーを共にすることも少なくない。

こうした社交を通して話し合いをスムーズに進める下地をつくり、立場の違いを埋めることができる（好意を示したり、相手と自分の共通点を明らかにしたりすることの重要性も思い出していただきたい）。専門性をアピールすることもできるだろう。

翌日のミーティング・テーマと同じような問題をうまく解決した実績を、披露してもよい。あるいは、複雑な専門を何年もかけて究めたことを話してもよい。ただし、さも自慢げにではなく、あくまでも相手とのやりとりのなかに自然に織り交ぜるのである。

もとより、時間的な制約からこうした場を設けられない場合もあるだろう。しかし、たいていの会議では最初にあいさつくらいは交わすはずである。さりげなく自分の経歴やこれまでの経験などに触れるチャンスが、必ずあるだろう。

自分のことを相手に知ってもらえば、早い段階で専門性をアピールでき、ビジネスの本題に入った時にこちらの主張を尊重してもらえるのである。

原則⑥ 希少性を巧みに利用する——人々は自分にないものを求める

具体的ヒント：自分だけの強みや独自の情報をうまくPRする。

数々の研究が示しているように、手に入りにくいものほど大きな価値がある。この事実は、マネジャーにとってこのうえなく役に立つはずである。

限られた時間、限られた資源、ユニークなチャンスなどについて、この「希少性の原則」をうまく活かしてみるとよい。「ボスは明日から長期休暇だ。例の件を報告しておかなくてもいいのか」——こう同僚に耳打ちするだけで、仕事を大きく前に進めることができる。

流通業のPR戦略も参考になる。流通分野では、「製品を買うことによるメリット」よりも、むしろ「買わないことによるデメリット」を顧客に訴えている企業が多い。

このような戦略がいかに大きなPR効果を持っているかは、カリフォルニア州のマイホーム・オーナーを対象に一九八八年に行われた、『ジャーナル・オブ・アプライド・サイコロジー』誌の調査が実証している。

対象者の半数には「自宅に十分な保険をかければ、毎日Xドルを節約できる」とアドバイスし、残りの半数には「保険をかけずにいると、毎日Xドルを失うことになる」と警告した。すると、保険契約率は後者のグループのほうがはるかに高かった。

同じ現象はビジネスの世界でもよく見られる。『オーガニゼーショナル・ビヘイビア・アンド・ヒューマン・ディシジョン・プロセス』誌で紹介されている一九九四年の調査によれば、経営者は「利益を手にする可能性」よりも、「損失を出すおそれ」をはるかに強く意識して意思決定を下しているという。

もう一つ心得ておくとよいのは、一般に入手できるデータよりも、公にされていない情報のほうが大きな説得力を持つという点である。

かつて私の指導で博士課程に在籍していたアムラム・クニシンスキーは、一九八二年に「牛肉の卸売業者による購買決定」をテーマに博士論文を書いている。

その論文によれば、「天候の影響で、まもなく輸入牛肉が手に入りにくくなる」という情報をもたらしたら、卸売業者は通常の二倍以上の肉を購入したという。

ところが、「この情報は他に誰も知らない」とつけ加えると、購入量は何と六〇〇％も増えたそうである。

一般には知られていなくて、なおかつこれから推進しようとしているアイデアや施策にとってプラスの情報を持っていれば、誰でも希少性の原則を活かすことができる。

そのような情報を手に入れたら、組織内のキーパーソンに集まってもらうとよい。たとえ、皆を色めき立たせるような情報ではなくても、「他では得られない」というだけで途端に輝きを放つようになる。

そこで、こう語りかけてみてはどうだろう。

「いま、手元に届いたばかりのレポートです。配布するのは来週になってからですが、この場にいる皆さんにだけは先にお見せしましょう」

全員が、身を乗り出してくるはずである。

さて、言わずもがなの点をあえて強調しておきたい。〝耳よりの情報〟に偽りがあったり、「いますぐに動かなければチャンスを逃す」といった脅しがハッタリであったりすることは許されない。

道徳的に問題があるばかりか、目的を達するうえで大きなマイナスとなる。嘘や偽りはいずれ必ず気づかれる。そうなれば、情熱が失われ、猜疑心だけが残ることになる。原則②「心遣

い を怠らない」を思い出していただきたい。

説得の効果をより高めるために

これまでに紹介してきた六原則は、難解さや曖昧さとは無縁で、「人はいかに情報を受け取り、判断を下すのか」といった点について、直感的に知っていることをまとめただけである。このため、心理学を学んだことのない人であってもすぐに理解できる。

ただし念のため、これまでセミナーやワークショップを行ってきた経験から、二つのポイントを述べておきたい。

第一に、六つの原則とその具体的ヒントは個々に説明したほうがわかりやすいのだが、実践するにあたっては組み合わせて用いるべきである。そのほうが高い効果を期待できる。

たとえば、原則⑤「権威を示す」という原則については、インフォーマルな付き合いや会話を通して相手から信頼や敬意を引き出すべきだと述べたが、こうした会話の際には、実は情報を伝えるだけでなく聞き出すこともできる。

ディナーの席上で自分が十分なスキルや専門性を持っている点をアピールしつつ、相手の経歴や趣味などを探ってみてはどうだろう。自分との共通点を見出せるかもしれないし、相手を心から尊敬することにつながるかもしれない。

権威を示すと同時に良好な関係を築くことができれば、説得力は倍増するだろう。そのうえ、相手から同意を得られれば、その影響で他の人々の支持をも取りつけられるだろう。

第二に、倫理が重んじられることを重ねて述べておきたい。誤った情報による誘導は倫理的に認められないだけでなく、効果の面でもマイナスである。

たとえ偽りや脅しが効いたとしても、ごく短期間のことで、最終的にはひずみのほうが大きくなる。とりわけ、強い信頼や緊密な協力が欠かせない組織では、致命的となるだろう。

この点を鮮やかに示すエピソードがある。紹介してくれたのは、私のワークショップに参加した、ある大手繊維メーカーの女性部門長である。彼女によれば、その会社のバイスプレジデントは権謀術数を駆使して、各部門のトップから無理にコミットメントを引き出すのだという。

提案内容を十分に検討・議論するだけの時間を与えてくれればよいのだが、最も忙しい時間を見計らったようにやってきて、うんざりするほど微に入り細に入り説明する。そして最後にこう迫るのである。

「ぜひ協力してほしい。当てにしていていいだろうね」

言われたほうは怯えと疲れから、とにかくこのバイスプレジデントが去ってくれることを願うようになる。このため、例外なく「イエス」と答えてしまう。

ところが自発的にコミットメントを示したわけではないため、部門長たちにはどこまでも力を尽くそうといった強い気持ちは起こらない。やがてプロジェクトそのものが頓挫するか立ち消えになる。

ワークショップでこのエピソードが披露されると、居合わせた参加者たちは大きな衝撃を受けた。なかには、自分にも思い当たるふしがあるのか、顔を真っ青にしている人々もいた。

だが、皆を凍りつかせたのは、語り手の表情であった。バイスプレジデントの思惑が外れたことに話が及んだ時、語り手の表情には、えも言われぬ満足感が漂っていた。

この事例が何よりも雄弁に語っている——権威をいたずらに振りかざして相手の同意を取りつけるのは、倫理に反するのみならず、逆効果ですらある。

しかし、この「権威の原則」は、使い方を誤らなければ適切な判断を導くことができる。

専門性、純粋な義務感、確かな共通点、真の権威、希少価値の高い情報、自発的なコミットメント……これらを土台に得られた結論は、すべての当事者に利益をもたらすだろう。全員が恩恵にあずかるようなアプローチが、悪いものであるはずがない。そうではないだろうか。

もとより、私の考え方を強要するつもりはない。だが、賛成される方々は、ここで紹介した原則を活かして相手をうまく説得し、成功例をぜひ知らせていただきたい。

ロバート・チャルディーニ（Robert Cialdini）

アリゾナ州立大学名誉教授（心理学）。著書に『影響力の武器［第三版］：なぜ、人は動かされるのか』（誠信書房）がある。

〝説得学〟の歴史

行動科学の専門家は、何十年にもわたって熱心に実証研究を積み重ねてきた。その恩恵によって私たちは、説得の方法やメカニズムをかつてないほど広く、深く、そして詳しく理解できるようになった。

とはいえ、説得の科学に挑んだのは、行動科学者が最初というわけではない。この分野は古代から研究され、素晴らしい成果を上げてきた。

だが、多くの英雄が現れる一方で、説得に失敗して散っていった人々も少なくない。

この分野の権威にウィリアム・マグワイアがいる。彼は『社会心理学ハンドブック』(注3)(未訳)のなかで、有史以来四〇〇〇年の間に欧州では何度か説得が盛んに研究された時期があると指摘している。

古い順に挙げると、古代アテネのペリクレス時代、ローマ共和国時代、ルネサンス時代、そして最近の一〇〇年――大々的な広告、プロパガンダ、マスメディア・キャンペーンが繰り広げられた時代――である。

ルネサンスまでの三つの時代は、体系的な取り組みによって大きな成果が生み出されたにもかかわらず、優れた説得力を持った英雄が殺されるなどしてしまったことで、研究が突然途絶えてしまっている。

哲学者ソクラテスに代表されるように、あまりに優れた説得術を身につけていたがゆえに、不幸な末路をたどった人物たちもいる。

それぞれの時代の為政者たちは、効果的な説得のプロセスが人々に知れわたるのを脅威と見なしていた。自分たちのコントロールの及ばない、まったく新たな権力基盤が生まれるおそれがあったからである。

こうした状況の下、過去の為政者たちは、ためらわずにライバルを抹殺しようとした。ライバルとはすなわち、巧みな弁舌、戦略的な情報活用、そして何より重要な心理的洞察といった力——権力者がけっして独占することのできない力——を使いこなせる人々である。

では、今日ではどうだろう。いまなお、「高い説得術を持っていても、権力者から危害を受けることはない」と言い切ってしまうのは性善説に立ちすぎているだろう。

ただし、説得術はもはや一握りの秀でた人々、インスピレーションを持った人々だけのものではないため、この道の専門家も少しは安心してよいと思われる。

むしろ、権力の座にある人々はほぼ例外なくその地位に固執するために、〝敵〟を排除することよりも、自ら説得力を身につけることに力を入れるだろう。

3

マネジャーが常に心がけるべき三つのこと

リンダ・A・ヒル
Linda A. Hill
ケント・ラインバック
Kent Lineback

"Three Things Managers Should Be Doing Every Day,"
HBR.ORG, September 24, 2015.

目先の仕事に時間を奪われる前に

リーダーとして成功するためには、達成しなければならない重要なことが三つある。部下との間に信頼関係を築く、チームをまとめる、幅広いネットワークを構築する――この三つである。これを新たな役職に就いてまもないマネジャーに説明すると、決まって、こう尋ねられる。

「いつまでにやればいいんですか」

しかし、残念なことに、新しいポジションに就いたリーダーは、その日のうちに仕事を終わらせることができない。大小さまざまな予期せぬ問題が発生して、解決のために走り回らなくてはならない。自分の部門の尻をたたいて期限内、予算内、要求水準以上の仕事をさせるために、エネルギーと時間の大半を費やさなくてはならない。

急ぎの仕事（つまり日々の仕事）のために、重要な仕事（つまりマネジャーやリーダーとして行うべき継続的な仕事）をする時間が取れず、やがて問題が深刻化して手に負えなくなる。そして次第に無力感にとらわれていくのだ。

そんな状況なので、「リーダーが達成すべき三つのこと」などという話を聞くと、片づけるべき仕事のリストが長くなるだけのような気がして、反射的に拒絶しようとしてしまう。

たしかに、この三つの重要な課題（私たちはそれを「リーダーとマネジャーの必須三要素」と呼んでいる）は、簡単に達成できることではない。だが、結果を出すためには必要不可欠であり、基本的なものである。その理由を説明しよう。

①部下と信頼関係を築く

リーダーシップとは、突き詰めて考えれば他者に影響を与えることだ。他者に影響を与える能力にはさまざまなものがあるが、信頼はすべての基礎となる。自分を信頼してくれていない部下には、何をもってしても影響を与えることはできない。

したがってマネジャーは、一緒に働くすべての人の信頼を獲得するように働かなければならない。信頼を獲得するためには、二つの条件がある。「能力」（コンピタンス）と「性格」（キャラクター）である。

ここで言う「能力」とは、チームが行う仕事のすべてに通じた専門家であるという意味ではない。仕事の本質的な内容を把握していて、正しい意思決定ができ、わからないことは質問する勇気がある、という意味だ。

また、「性格」とは、私利私欲ではなく正しい価値観に基づいて意思決定し、行動し、仕事を大切にし、顧客（社外だけでなく社内の両方）を大切にする人間であるという意味だ。

上司の能力と性格を認めた部下は、このボスは正しいことをする人だ、と信頼してくれるようになる。

②チームをつくり、チームを介してマネジメントする

成果を上げるチームは、価値観を共有し、共通の目的を目指すことによって結ばれている。真のチームはメンバー間の絆が強く、成功するのも失敗するのも全員一緒だと信じている。チームが負けているのに、誰かが勝つことなどできないことを知っている。

強いチームは、価値観や目的だけでなく、一丸となって働くためのルールも共有している。ルールは明示的な場合もあるし、黙示的な場合もある。たとえば、意見の相違や対立について、何がどこまでなら容認されるのか、容認されないものは何か、といったルールである。

賢いリーダーは、共通の目的、価値観、ルールによって真のチームをつくり、チームを通してマネジメントする。つまり、「ボスは私だ、私がやれと言ったらやれ」と言うのではなく、「チームのためにやろう」と言うことで、強いリーダーシップを発揮するのだ。

真のチームでは、社員は自分がその一員であることを大切にし、仲間を失望させまいと努力する。賢いリーダーは、そのような絆を構築し、それを活用して行動を促すのである。

③チームの外でネットワークを広げる

どんなチームも、外部の人やグループに助けてもらったり、互いに協力し合ったりして仕事を進めている。チームのためにそのような関係を積極的に構築し、維持するのが、優れたグループリーダーである。

ネットワークは、今日の仕事に必要だからというだけでなく、長期的な目標を達成するためにも必要である。

新任マネジャーにとって、これは間違いなく最も頭の痛い必須事項だ。それは、ネットワーキングを、自分の利益のために「いい人」を演じて人を味方につける、組織内政治のようなものだと考えているからだ。

そのような立ち回りを意識していたら、自分や自分のチームのエネルギーや能力を無駄遣いすることになり、成果を上げるために周囲に影響を与えることなどできなくなる。

もちろん、ネットワークの構築は、政治的に立ち回るという側面がまったくないわけではない。しかし、正直に、オープンに、そしてお互いに利益をもたらす関係を築こうとする真摯な意図を持って行うなら、そんなことをする必要性は限りなく小さくなる。

いつ何をすれば、三つの条件を満たせるのか

新任マネジャーは、これら三つが成功の必須条件であることは理解してくれる。だが、「いつ信頼を築き、チームをつくり、ネットワークをつくるのか」という疑問は残る。やるべきもろもろの仕事をこなしたうえに、そんな大事業をどうやれば達成できるのか、という当然の疑問である。

それに対する私たちの答えは、「必須三要素」は「やることのリスト」に箇条書きにするようなものではない、ということだ。三要素は、それだけを他の仕事から切り離して、完了した

といってチェックを入れられるようなタスクではない。

そうではなく、優れたリーダーは、日々の仕事を管理し、リードするなかで、この三つを、いわばバックグラウンドで行っている。仕事を定義し、割り振り、構造化し、話し、評価し、見直し、機会をとらえて部下を指導することを通して、この三つを行っているのだ。

つまり、日々の仕事と、仕事に付き物の問題や危機を利用して、三つの必須要素を強化することに長けている人が、マネジャーあるいはリーダーとして成功する。

では、その方法を具体的に説明しよう。

信頼関係の構築

毎日の仕事のなかで、見識のある問いを投げかけたり、洞察力のある提案をしたりすることで、信頼を構築することができる。

毎日の意思決定や選択を通して、自らの価値観を示し、部下やチームを見守っているということを知らせる。利己的な自己顕示欲によってではなく、自分が知っていること、信じていること、大切にしていることを示すことによって自分を表現する。それが信頼の構築につながるのである。

チームビルディング

日々遭遇する問題や危機を利用して、チームの目的や、チームが大切にしなくてはならないことを部下に思い起こさせ、それによってチームを構築することができる。

自分の決定を、チームの目的や価値と結びつけて話す。メンバーが、たとえば同僚に敬意を払わない接し方をしたり、自分の利益をチームの利益よりも優先させたりしたら、即座に指摘して改めさせる。

そのルールはリーダーである自分にも適用されるので、自分がルールを忘れていたら指摘してほしいと部下に依頼する。

ネットワーキング

職場の日常のなかで、たとえば管理職会議やエレベーターでの雑談といった機会を利用して、グループ外の人々と気脈を通じ、ネットワークを構築していく。

他のマネジャーも関わる問題では、ただ解決するだけでなく、その後も続く長期的な関係を意識しながら協力し合う。自分が持っている情報が役立つと思えば、進んで情報を共有する。チームのメンバーに対しても、チーム外の人と接する時は、同じような気持ちで接するよう指導する。

＊　＊　＊

優れたマネジャーは、日々のあらゆる機会をとらえて、リーダーの条件を満たすために行動している。ここまでに書いたことは、そのほんの一例にすぎないが、考え方はわかっていただけたと思う。実際、良いマネジャーになるための秘訣があるとすれば、間違いなく日々の行動こそが秘訣である。それ以外に特別な方法はない。

日々のしかかってくる仕事も、やっかいな問題も、優れたマネジャーにとっては、障害ではなく機会や手段なのである。それが理解できると、新任マネジャーの悩みは解消され、表情が明るくなる。

それが理解できたら、自分の日々の仕事を見る目が変わってくる。新しい仕事に取り組む時や、予期せぬ事態に遭遇した時、これをとう活かせば信頼関係が強まるか、チームの一体感を強められるか、チームの外とのネットワークを広げられるかを考えるようになるのである。

リンダ・A・ヒル（Linda A. Hill）
ハーバード・ビジネス・スクール ウォーレス・ブレット・ドナム記念講座教授。経営管理論を担当。著書に*Becoming a Manager*（未訳）などがある。

ケント・ラインバック（Kent Lineback）
著述家。企業や政府機関でマネジャーとしての豊富な経験を持つ。

二人の共著に『ハーバード流ボス養成講座　優れたリーダーの3要素』『ハーバード流 逆転のリーダーシップ』（すべて日経BP）がある。

4

カリスマ性は訓練で身につけられる

ジョン・アントナキス
John Antonakis
マリカ・フェンリー
Marika Fenley
スー・リーヒティ
Sue Liechti

"Learning Charisma,"
HBR, June 2012.

カリスマ性についての間違った思い込み

ジャナは、講壇に立ち、手のひらに汗をかきながら、新たな取り組みについて彼女の説明が始まるのを待っている何百人もの同僚を眺めている。ビルは、新製品の立ち上げに失敗してやる気を失っているチームに、次に進むべき道を示すために会議室に入っていく。ロビンは、優秀なのに満足な成果を上げていない部下に向き合い、やる気を取り戻させるための面談に臨もうとしている――。

誰もが似たような場面に立たされたことがあるだろう。このような状況で必要なものがカリスマ性だ。明確で、先見性に富み、創造的な刺激を与えるメッセージを発することで、聴衆を引きつけてやる気にさせる能力だ。

どうすればカリスマ性を身につけることができるのだろう。

多くの人が、それは不可能だと考えている。つまり、カリスマは生まれつきのものであって、努力して身につけられるものではないというのだ。豊かな表現力や説得力のある押し出しは、持って生まれたもので、どう頑張ったところで訓練によってウィンストン・チャーチルにはなれない、というわけである。

チャーチルにはなれないという指摘には同意するが、かといって、カリスマは生まれつきで、努力して身につけられるものではない、という主張には同意できない。

カリスマは、すべてが生得的なわけではなく、学習可能な部分がある。もっと言えば、カリスマとは一連のスキルであって、人々は大昔からそれを身につけるために修業を重ねてきたのである。

私たちは調査や実験、あるいは実際のマネジャーを対象に現場で行った研究をもとに、「カリスマ的リーダーシップ技法」を開発した。このトレーニングを受けた人は誰でも、影響力を強め、信頼感を高め、周りの人から「リーダーらしい」と思われる存在になれることが実証されている。

この記事では、この技法の概要と習得方法を説明する。スポーツ選手はハードなトレーニングと正しい作戦で試合に勝とうとする。それと同じように、カリスマ性を身につけたいと思うリーダーは、この技法を理解し、寝ても覚めても熱心に実践し、ここぞという時に発揮する作戦を立てなくてはならない。

カリスマ性とは何か

カリスマ性とは、価値観と感情に根差す人間の資質であり、ある人の存在が他者に及ぼす影響力とも言える。

それは、アリストテレスがロゴス、エトス、パトスと呼んだ魂の作用の組み合わせから生まれる。すなわち、人に影響を与えて説得するためには、堅固で理にかなったレトリックを使い（ロゴス）、個人的な道徳的信頼性を確立し（エトス）、感情と情熱を奮い立たせなければならない（パトス）。この三つをうまく行えれば、相手の願望と理想に働きかけ、目的意識を与え、事を成すために鼓舞することができる。

いくつかの詳細な研究によって、カリスマ性は、仕事が関係するあらゆる文脈で――大きな組織でも小さな組織でも、公共でも民間でも、西洋でもアジアでも――貴重な資産になることが判明している。

政治家はカリスマ性が重要であることをわかっているが、経営者の多くはそれを利用していない。その理由はおそらく、どうすればカリスマ性を使えるかを知らず、取引型リーダーシップ（アメとムチ）や機能的リーダーシップ（タスクベース）よりも習得が難しいと考えているからだろう。

誤解しないでほしいが、リーダーには、部下の信頼を獲得し、業務を管理し、戦略を遂行するために、業務上の専門知識や能力が必要だ。アメとムチ（報酬と罰）を使うことも効果的だし、それが必要なこともある。

大切なことは、最も効果的なリーダーは目標を達成するために、取引型リーダーシップと機能的リーダーシップだけでなく、カリスマ性によるリーダーシップも備えていることである。

一二の「カリスマ的リーダーシップ技法」

私たちは綿密な調査によって、一二の主要な「カリスマ的リーダーシップ技法」を特定した。そのうちのいくつかは、古くから使われてきた雄弁術のテクニックに近いが、一二のうちの九つは言葉によるものであり、残りの三つは非言語的なものである（非言語的な三つの要素については、**囲み**「非言語的な三つのカリスマ技法」を参照）。

言語的カリスマ技法

①比喩（メタファー）、直喩、例示（アナロジー）
②ストーリー、逸話
③コントラスト（対照）
④修辞的質問
⑤三ポイント話法
⑥道徳的信念の表明
⑦感情への寄り添い
⑧高い目標の設定
⑨達成可能であるという確信

非言語的カリスマ技法

⑩声の強弱、抑揚
⑪顔の表情

⑫身振り手振り（ジェスチャー）

この他にも、危機感を持たせる、歴史を想起させる、繰り返す、犠牲者の話をする、ユーモアを使うなど、リーダーとして使える技法はあるが、ここで紹介する一二の技法は、最も効果が高く、ほとんどの文脈で効果を発揮してくれる。

研究や実験によって、これらの技法を適切に使える人は、他の人には真似できないようなレベルで、人々にビジョンを共有させ、人心を掌握できることがわかっている。たとえば、過去一〇回の米国大統領選挙のうち八回で、言語的カリスマ技法を対立候補より多く使った候補者が勝利している。

また、プレゼンテーションにおいても、優れたプレゼンの条件とされる話の組み立て、明確な滑舌、わかりやすい言葉の使用、話の速度、話し手の平常心などよりも、カリスマ技法のほうが効果を発揮することがわかっている。プレゼンを聞いた聴衆が、プレゼンターにリーダーの資質を感じるか否かを評価させると、プレゼン技法よりもカリスマ技法のほうが、大きな役割を果たしていることがわかったのである。

しかし、「カリスマ技法」はビジネスの世界ではあまり知られていないし、教えられてもいない。これを使いこなしているマネジャーは、たまたま試行錯誤によって、自覚しないまま習得しているというのが現状のようだ。

私たちの研修に参加したある経営者は、「この手の技法はけっこう使っていますが、意識していませんでした」と言っていた。このような学習は偶然任せにしておくべきではない。

私たちが提供するトレーニングでは、基本的な考え方を説明した後で、ビジネス、スポーツ、政治などの分野でカリスマ性を感じさせるニュースや映画のクリップを見せる。その後、受講生は、学習したカリスマ技法を使ったスピーチを、他の受講生やビデオカメラの前で行って評価し合ったり、録画を見て自己評価したりする。

欧州で行った中堅幹部のグループ（平均年齢三五歳）では、訓練後、プレゼンテーションにおけるカリスマ技法の使用量がほぼ二倍に増えた。その結果、聴衆によるリーダー能力評価の数値が平均で約六〇％上昇した。もちろん、受講者は学んだ技法を職場に持ち帰って日々の仕事で活かすことになる。スイスの大企業のエグゼクティブ集団（平均年齢四二歳）でも同様の効果が確認された。

全体として、カリスマ技法のトレーニングを受けていない人々の集団では、平均点以上のリーダー能力があると認められた人は全体の三五%だったのに対し、トレーニングを受けた人々の集団では約六五%に上るという結果が得られた。

目標は、聴衆相手に行う講演やプレゼンにとどまらず、日常会話でもカリスマ技法を活用し、自然にカリスマ性を発揮できるようになることだ。この技法に効果があるのは、相手と感情的な結びつきが生まれるからで、それがあなたを強く有能で尊敬に値する人物に見せてくれる。

ギリシャ語で「カリスマ」は、特別な天賦の才を意味するが、カリスマ技法を正しく使えば誰でもそれを身につけることができるのである。

では、カリスマ技法を具体的に紹介しよう。

理解させ、関連づけさせ、記憶させる

①比喩(メタファー)、直喩、例示(アナロジー)

カリスマ性のある話し手は、聞き手が理解しやすい話、自分や自分が置かれている状況と関

連づけやすい話、記憶しやすい話をする。そのための効果的な方法が比喩（メタファー）、直喩、例示（アナロジー）だ。

マーティン・ルーサー・キング・ジュニアは比喩の達人だった。たとえば、「私には夢がある」という有名な演説のなかで、米国憲法を、生命、自由、幸福を追求する権利を保証する「約束手形」にたとえ、米国は黒人市民に残高不足の「不渡り手形」を与えていると指摘した。換金できない小切手を受け取るという比喩が現実に何を意味するかは、誰もが知っていた。キングのメッセージは明確で、人々の意識にとどまるものであった。

比喩は、あらゆる職業のあらゆる文脈で効果がある。私たちが一緒に仕事をしたマネジャーのジョーは、比喩を使って、緊急の配置転換に対するチームの支持を取りつけた。彼はこう話した。

「取締役会からこの話を聞いた時、待ちに待った子どもが生まれるという懐妊の診断を聞いた時のような気持ちがしました。出産までが九カ月ではなく、四カ月しかない点だけが違っていたけど」

これを聞いたチームは、不安は消えないものの、意義のある変化だと理解したのだった。

きる。

②ストーリー、逸話

ストーリーや逸話（アネクドート）も、メッセージを魅力的なものにし、聞き手と話し手を結びつけるのに役立つ。根っからの話し上手でない人でも、これを使えば説得力のある話ができる。

ビル・ゲイツがハーバード大学で行ったスピーチを見てみよう。ゲイツはそのスピーチで、学生たちに自分の責任を幅広くとらえることを奨励するために、ストーリーを使った。

「母はいつも、他人のために役立つことをしなさいと私に教え続けました。私の結婚式の数日前、母は私たちのために結婚前のパーティを開き、メリンダに宛てて書いた手紙を声に出して読んでくれました。当時、母は重いがんを患っていましたが、もう一度、私たちにいつも話していたメッセージを伝えておこうと考えたのです。母の手紙は『多く与えられた者は、多く与えるべきである』という言葉で結ばれていました」

私たちが調査したマネジャーであるリンは、危機的な状況のなかで部下のモチベーションを高めるために、次のようなストーリーを使って話をした。

「我々がいま置かれている状況を考えると、数年前に仲間と一緒に挑戦したアイガー登頂のことを思い出します。悪天候に巻き込まれ、死んでも不思議ではない過酷な状況に追い込まれたのです。でも、全員が協力することによって生き延びることができました。不可能だと思われたことをやってのけたのです。いま我々は経済の嵐のなかにいますが、全員で力を合わせれば、必ず状況を好転させ、成功することができるはずです」

この話を聞いて彼女のチームは安心し、勇気を得たのだった。

③コントラスト（対比）

理性と感情の両方に訴える効果があるコントラスト（対比）は、効果的なカリスマ技法だ。ジョン・F・ケネディの「米国が自分のために何をしてくれるかを問うのではなく、自分は米国のために何ができるかを考えよう」という言葉を思い出せば、その効果を感じることができるだろう。コントラストは最も簡単に習得でき、使いやすい技法なのだが、そのわりにはあまり使われていないように思える。

カリスマ技法のトレーニングを受けた二人の例を紹介しよう。上席副社長のジルは、会社の業績が停滞気味だった時、直属の部下であるマネジャーたちにこう語りかけた。

「君たちはもっと攻撃的にプレーする必要があるのに、防御的なプレーをしすぎている」（これは比喩でもある）

サリーは、新たに任された医療部門のメンバーにこう言って自己紹介した。

「医療部門の皆さんにこの仕事を牽引してほしいと頼んだのは、それが組織的に都合がいいからではありません。皆さんには会社にとって重要な成果を上げる力があり、同時に多くの人の命を救うことができると信じているからです」

考えさせ、掘り下げさせる

④修辞的質問

修辞的な問いは陳腐に感じるかもしれないが、人々のエンゲージメント（愛着、思い入れ）を高めるのに有効で、これを使うカリスマ・リーダーは少なくない。投げかける問いは、答えが明らかな問いもあれば、考えさせることを狙った謎めいた問いの場合もある。

もう一度マーティン・ルーサー・キング・ジュニアの例を挙げよう。彼は、「公民権を主張すると、『どうなったら満足するんだ』と問い詰められることがある」と言って間を置き、聴衆に考えさせた後で、虐げられた者はけっして満足することなどないのだ、と話を続けた。

ザ・ボディショップの創業者であるアニータ・ロディックは、三つの修辞的な問いを使って、社会的責任を掲げて起業した理由を説明した。

「私の考えはシンプルでした。どうすれば、もっと親切なビジネスができるか？　どうすれば、それをコミュニティに根づかせられるか？　どうすれば、コミュニティの福祉を事業の目的にすることができるか？　それを考えたら、こうなったのです」

この技法は、プライベートな会話でも効果を発揮する。マネジャーであるミカは、修辞的な質問を使って、業績不振の部下をやる気にさせることに成功した。

「この先、あなたはどうなりたいと思っているのですか？　オフィスに引きこもって、自分を哀れんで時間を過ごしたいのですか？　それとも、自分にはやり遂げる力があることを示したいのですか？」

ＩＴ企業のマネジャーであるフランクは、この種の問いを使って非現実的な目標を断るのに成功した（比喩も合わせて使っている）。

「飛んでいる飛行機のエンジンを変えることができるとでも思っているのですか?」

⑤三ポイント話法

三つのポイントを挙げる話し方は、昔からある効果的な説得のコツだ。

なぜ三つなのか。まず、ほとんどの人は三つまでなら覚えていられる。次に、三つあればたいていのパターンをざっくりと網羅することができる。そして、三つには安定感と完全性を感じさせる何かがあるからである。

この技法を使う時は、たとえば「黒字化を実現するために必要なことが三つある」というように前置きをしてから話し始めることもできるし、「つ前のパラグラフのように、特に断ることなく三つ並べることもできる。

中堅マネジャーのセルジュがチーム会議で使った三ポイント話法はこうだ。

「我々には市場で最高の製品がある。我々には最高のチームがある。しかし、我々は販売目標を達成できなかった」

製造会社の部門長であるカリンは、スタッフに対するスピーチで次のように三ポイント話法を使った。

「三つのことを行って状況を好転させることができます。まず、我々が正しく行えたことは何かを振り返って確認する。次に、どこで失敗したのかを確認する。そして、これなら金を出そうと経営チームに思わせるような新たな計画を立案することだ」

真摯さ、権威、熱意を示す

⑥道徳的信念の表明
⑦相手の感情への寄り添い

道徳的な信念の表明や、相手の感情をとらえた発言は――たとえ悲しみや苦しみといった負の感情であったとしても――話し手の人格を聞く者に伝える。それによって、聞いた人は話し手と自分を重ね合わせ、思いを一致させ、信頼を強めることになる。

第二次世界大戦が終わった勝利の日に、ウィンストン・チャーチルは英国民の心をつかむ見事な演説を行い、名誉、勇気、そして慈悲の精神を伝えた。

「ついにあなた方の時が来た。この勝利は、党の勝利でもなければ、特定の階級の勝利でもない。偉大な英国国民全体の勝利だ。古く由緒ある島に住む我々は、専制政治に対抗するために武器を取って戦った最初の国となった。……この地に、我々はただ独り立ち上がったのだ。明かりが消え、爆弾が落とされた。だが、男も、女も、子どもも、あなた方の誰一人として戦いをやめて敵の軍門に下ろうとは言わなかった。……いま、我々は死を賭した戦いに勝利した。忌むべき恐ろしい敵は地に倒れ、我々の裁きと慈悲を待っている」

道徳的信念を披瀝した優れたスピーチの例をもう一つ紹介しよう（これにはその他のカリスマ技法も使われている）。サプライチェーンの改革を推進するNGOのマネジャー、ティナが行ったスピーチだ。

「我々のせいで生じている、物流の混乱の代償を支払わされているのは誰ですか？　遅延や混乱を感じている我々のサポーターですか？　いいえ、我々が助けようとしている子どもたちです。空腹を抱えて眠りにつく子ども、生きて明日を迎えられないかもしれない子どもたちなのです。お金の無駄遣いもさることながら、こんな遅れは許されることではありません。まして解決が難しい問題でさえないのですから」

カリスマ技法の訓練を受けたラミはＩＴ部門の責任者だ。彼は意気消沈したチームの感情をうまくとらえて、次の行動へとつながるスピーチをした。

「君たちの気持ちはよくわかる。私も同じ思いを味わっているから。みんな落胆し、戦意を喪失している。眠れない夜を過ごしたと言う者もいたし、職場でも家庭でもピリピリしていると言う者もいた。私自身も生活が味気ないものになってしまった。みんながどんなに頑張ったか、それなのに成功が手からすべり落ちてしまって、どんなに苦い思いをしているのか、わかっているつもりだ。だが、いつまでもこんな気持ちでいる必要はない。私には計画がある」

⑧高い目標の設定

リーダーが自分の熱意を表現し、聞き手を感化するためのもう一つの方法が、高いゴールを設定するという方法だ。

ガンジーは、有名な「インドから出ていけ」という演説のなかで、非暴力の抵抗運動によってインドを英国の支配から解放するという、ほとんど不可能とも思える（そして道徳的な）目標を掲げた。

私たちがよく引き合いに出すビジネス界の例は、シャープの元CEO、町田勝彦だ。一九九八年、同社が経営破綻に直面した時、そして、ブラウン管がテレビ市場を席巻して液晶技術には事業性がないとされていた当時、町田は、普通では考えられないことを言って従業員に活を入れた。

「二〇〇五年までに、我が社が日本で販売するテレビはすべて液晶画面になっているだろう」

⑨達成可能であるという確信

しかし、目標は高ければよいというものではない。必ず達成できるという自信も、同時に伝えなくてはならない。

ガンジーは「我々が自己犠牲をいとわなければ、英国政府も我々から自由を奪うことはできない」と述べた。後日行ったスピーチでは、その確信をさらに力強く語った。「たとえすべての国連加盟国が反対しても、インドのすべてが私を見捨てても、私はこう言うだろう。『あなた方は間違っている。インドは非暴力の手段で、渋る大国から自由を奪い取ってみせる』と。私はインドのためだけではなく、世界のために行動する。たとえ自由が実現する前に私が死んだとしても、非暴力の抵抗が終わることはない」

町田はシャープの技術者たちにビジョンを伝え、リスクの高い目標だが必ず実現できると説いた。町田はそれを会社の最重要プロジェクトとし、液晶部門とテレビ事業部門から人材を集めて部門の垣根を越えるチームをつくった。そして、シャープを存続させるために何としても成功させなくてはならない、というシンプルなメッセージを彼らに伝えたのである。

私たちの知るエンジニアのレイは、挫折を体験した後、チームに向かってこう言った。

「CEOが我々に課した締切は容易ではない。他のチームなら怖じ気づくかもしれないが、我々は弱虫でない。我々にはこの挑戦を受けて立つ力がある。私は君たち一人ひとりを信じている。君たちなら三カ月で試作品を製造することができる。何がなんでも達成すると心に誓おう。我々には知恵があり、経験がある。必要なのは意志だ。それを持っているのは偉大なチームだけだ」

リーダーがビジョンを掲げ、目標を達成できると心から信じていなければ、チームの心に火がつくことはない。

練習でカリスマ性を身につける

以上がカリスマ技法の内容である。では、それを身につけるには、何から始めればよいのだろう？　答えは簡単だ。練習と準備から始めるのである。

スピーチやプレゼンテーションの準備をする際には、必ずこれらの技法を取り入れ、リハーサルを行うべきだ。また、説得力が求められる一対一の会話やチームミーティングの予定がある時は、事前にカリスマ技法について考えておくことをおすすめする。無理なく自然に出てくる（少なくとも出てきたかのように見える）カリスマ技法をいくつか、話のなかに組み入れるためである。

私たちが行うカリスマ技法訓練では、参加者はグループでカリスマ性向上に取り組み、お互いからフィードバックを得てカリスマ性を身につけていく。そのような特別な訓練の機会がなくても、配偶者や親しい同僚に頼んで意見を聞かせてもらったり、スピーチを録画して自己評価したりするだけでも効果がある。

すべての話のなかにすべての技法を入れ込めばいいというものではない。そんなことはするべきではないし、そもそも不可能だ。大切なのは、適切な技法を、バランスよく組み合わせて使うことだ。時間と練習を重ねることで、自然にできるようになる。

私たちが知っているあるマネジャーは、カリスマ技法のトレーニングを受けた後で、知り合った女性とめでたく結婚することができた。結婚後、トレーニングを受ける前のスピーチの録画を妻に見せたところ、妻はそれが自分の夫だとは信じなかったそうである。彼女が結婚した男性は、カリスマ技法を活用して話す男性であり、トレーニング前とは別人のようになっていたということがわかる。

六年前にこの技法を学んだ別のマネジャーは、いまでは会社のCOO（最高執行責任者）だが、仕事でも私生活でもこの技法を毎日使っているという。最近、組織変更と人員の配置転換について社員全体に話した時も、この技法を使って、「期待をはるかに上回る」結果を得ることができたと話してくれた。

自分にはもともとカリスマ性などないし、訓練で強化することなどできないと思っているなら、あなたは間違っている。私たちの研究では、訓練を始める前のカリスマ性評価で最低点だったマネジャーも、最初から高評価だった同僚との差を大幅に縮めることができた。どんなに頑張ってもチャーチルやキング牧師にはなれないだろうが、カリスマ技法を身につければ、少なくとも部下があなたに感じるカリスマ性は間違いなく高まる。

ジョン・アントナキス（John Antonakis）
ローザンヌ大学教授（ビジネスおよび経済学）。リーダーシップ開発とコンサルティングを行っている。

マリカ・フェンリー（Marika Fenley）
ローザンヌ大学経営学博士。ジェンダーとリーダーシップを研究している。

スー・リーヒティ（Sue Liechti）
組織開発コンサルタント。

非言語的な三つのカリスマ技法

本稿で触れたように、声、身体、表情を通じて行う三つの非言語的コミュニケーションも、カリスマ性を感じさせるカギを握っている。ただし、誰もが自然に使いこなせるわけではないし、文化の違いによって何が適切かが異なる技法でもある。たとえば、アジアのある文化圏では情熱的すぎると思われる表現が、南欧州の文化圏では控えめすぎると思われるかもしれないからだ。

しかし、言葉によるカリスマ技法よりも聞き手が咀嚼しやすく、また話にパンチ力を加えて注意を引きつける効果があるので、しっかり学んで使いこなす価値がある。

⑩声の強弱、抑揚

熱のこもった話をする人は、声のボリュームに変化をつける。時には小声でささやいたり、ここぞというポイントでは大きな声を出したりする。悲しさ、幸福、興奮、驚きなどの感情は、声の質と大きさ、そしてその変化によって表現することが必要だ。適切な間を取ることも、聞き手の意識をコントロールするうえで重要である。

⑪顔の表情

表情はあなたのメッセージを強化するのに役立つ。情熱は声で耳に伝えるだけでなく、表情によって目に見せる必要がある。何らかのストーリーを話している時や、感情に訴えようとしている時は、特にそのことが言える。職場では日頃から、アイコンタクト（カリスマ性の秘訣の一つ）、自然な笑顔、ほがらかな笑い声、時にはしかめっ面をするといったことを心がけよう。

⑫身振り手振り（ジェスチャー）

身振りや手振りをはじめとする身体の動きは、話者が聞き手に送るシグナルだ。たとえば、握った拳は自信、力、確信を伝える。手を振ったり、指差したり、机をたたいたりすることで、注意を引くことができる。

Harvard Business Review
Emotional Intelligence
INFLUENCE + PERSUASION

5

共感力は強力な武器となる

ナンシー・デュアルテ
Nancy Duarte

"To Win People Over, Speak to Their Wants and Needs,"
HBR.ORG, May 12, 2015.

他者はどのように物事を見ているか

他者に共感するのは簡単なことではない。自分ではない他者が物事をどのように見ているかを理解するためには、自分が慣れ親しんだ快適な世界から外に踏み出さなくてはならないからだ。しかし、共感がなければ人に影響力を及ぼすことはできない。

メソッド演技法（感情を追体験することで自然でリアルな表現をする方法）を使う俳優はそれをよく心得ている。彼らは役柄に共感することで、観る者の心に語りかけ、考えさせ、行動させる。自分が演じるキャラクターになり切って、新しい人格や行動を表現するのだ。『マルコヴィッチの穴』や『アバター』、『トッツィー』のように、アイデンティティの模索そのものがストーリーになっている映画もある。

『トッツィー』で女性になる体験をしたことが、ダスティン・ホフマンに強い影響を与えた。それは三〇年後、米国映画協会のインタビューに答えながら、映画製作当時のことを思い出して泣き出してしまうほど強い影響だった。(注1)

『トッツィー』を製作するかどうかを決めるにあたって、ホフマンは女装する役柄を演じられるかどうかを確かめるために、何度かメイクアップテストを行った。女装は不可能ではないが、自分の女装は美しくないとわかった時、この映画をつくるべきだと確信したという。

ホフマンは妻にこう語っている。

「ドロシー・マイケルズという女性を演じながら、とても面白い女性だと思った。でも、パーティで彼女に会っても、たぶん話しかけないだろうとも思った。だって、デートに誘う女性に求めるスタイルやルックスを彼女は満たしていないからね。（中略）つまり、文化的な洗脳によって、僕はこれまでの人生で、興味深い女性と知り合う機会をいっぱい逃してきたんだろうなと思ったよ」

女性へのこの共感が、ホフマンの演技とこの作品のメッセージに説得力と強さを与え、名作を生んだのである。

ビジネスの世界でも、これと同じことが常に起こっている。新しい働き方をチームに取り入れようとする時も、投資家に出資を依頼する時も、自社製品を買うように消費者を説得する時も、意義あるプロジェクトのために広く一般に寄付を募る時も、成功するかどうかは、周囲の人々の欲求やニーズを把握できるかどうかにかかっている。

私の会社はクライアントの依頼でプレゼンテーションを作成したり、効果的なメッセージの伝え方を指導したりしているが、そのなかで何度となく、相手の話を聞いて共感することの重要性を目にしてきた。

誰かにメッセージを伝えようとする時は、むしろ、相手の話によく耳を傾けることが大切なのだ。自分の話を聞いてもらえていると感じた相手は、あなたのメッセージを受け入れてくれるようになる。

また、話を聞くことで、相手の本当のニーズについて——あなたが想像するような相手のニーズではなく——多くの情報を得ることができ、利害関係者と長続きする関係を築くことができる。

共感力は強力な武器となる

共感力を高めるには、エクササイズが役に立つし、実際、多くの分野で活用されている。

たとえば、小売店を調査するシークレットショッパーは、客を装う時に共感力を使っている。

製品開発者は、製品の利用場面をブレインストーミングしたり、どんな使われ方をするかを探るために消費者にインタビューしたりする時、共感力をフル稼働させている。交渉担当者は、相手と会う前に、共感力を発揮してロールプレイングを行い、反論に備えている。

こうして共感力というスキルが身についたら、それを仕事に不可欠な武器として活用することができる。

エアビーアンドビーのCEO、ブライアン・チェスキーと彼のチームが行ったように、利害関係者のさまざまな視点をビジュアル化するのも効果的かもしれない。ビジネスメディアの『ファスト・カンパニー』でも紹介されたが、彼らはディズニーの映画製作の方法に触発されて、ゲスト（旅行者）、ホスト（施設提供者）、予約プロセスの三つをストーリーボード（絵コンテ）に描いた。

彼らは三つの要素のそれぞれについて、カギを握る瞬間を書き出し、そのなかでも最も重要で、最も心の琴線に触れる経験を選んでストーリーを書いた。

共同創業者のネイサン・ブレチャージクも、絵に描くことで多くのことを学んだという。「ストーリーボードが明らかにしてくれたのは、私たちがビジネスの大きな部分を見落としていたということです。(中略)何もせず見逃していた重要な瞬間が、たくさんあることがわかったのです」

最終的に、ストーリーボードは同社のモバイル戦略の策定に役立ち、旅行中の利用者がどこからでもエアビーアンドビーとつながることができる新機能へと結実した。

また、利害関係者の話に注意深く耳を傾け、それを自分が正しく理解できているかを確認することも欠かせない。紛争仲裁人は、解決策を提示する前に、紛争当事者の双方が何を必要としているのかを把握するためにその作業を行っている。同様に、新しく会社に加わったエグゼクティブは、当該企業の問題や機会を理解するために、従業員や顧客の話を聞いて回ることがよくある。

一九九〇年代にルイス・ガースナーがＩＢＭで行ったのもそれと同じことだ。倒産寸前の会社を再建するために招聘されたガースナーは、「ベアハグ作戦」(抱き締め作戦)と名づけた聞き取りツアーを全社で展開した。ガースナーはマネジャーたちに、顧客と会うために三カ月の時間を与え、顧客が抱えている問題や、その解決のためにＩＢＭに何ができるかを調べさせた。ツアー期間が終わると、マネジャーたちに顧客との面談をメモにまとめさせた。

ガースナー自身も毎日、顧客を訪問した。また、自社の従業員を「ベアハグ」し、IBMが活動しているさまざまな現場を視察し、社員を集めて最新情報を共有したり、アイデアを試したり、懸念事項に取り組んだ。従業員と九〇分のぶっつけ本番、筋書きなしの質疑応答を何度も繰り返し、二万人と直接対話を行った。

「私は耳を傾けることに集中し、結論を出さないように懸命に努力した」とガースナーは話している。

それは戦略策定プロセスにおける重要なステップだった。経営陣はIBMと市場との関係を強化し、再び競争力のある存在にするための計画を策定することができた。それだけにとどまらず、IBMの文化を大きく変え、内向きの官僚主義から市場主導型のイノベーターへと変身を遂げることができたのだった。

＊　＊　＊

あなたの会社の製品やサービスを購入してもらいたい人、あるいは会社のために頑張って働いてもらいたい人を説得したければ、まず、その人たちに共感することから始めよう。そうすれば、あなたは良いアイデアを吸収できるうえ、話を聞いてもらう価値のある存在になれる。

お返しに、利害関係者があなたに共感してくれれば、彼らとの間に永続する関係を築くことができるだろう。

ナンシー・デュアルテ（Nancy Duarte）
著述家。シリコンバレー最大のデザイン会社、デュアルテ・デザインCEO。著書に『スライドロジー：プレゼンテーション、ビジュアルの革新』『イルミネート：道を照らせ。変革を導くリーダーが持つべきストーリーテリング法』（すべてビー・エヌ・エヌ新社）、『ザ・プレゼンテーション：人を動かすストーリーテリングの技法』（ダイヤモンド社）がある。

6

ストーリーテリングが人を動かす

ロバート・マッキー
Robert McKee
ブロンウィン・フライヤー
Bronwyn Fryer

"Storytelling That Moves People: An Interview with Robert McKee by Bronwyn Fryer,"

HBR, June 2003.

説得はビジネス活動の中心である。消費者に製品やサービスを買ってもらうのも、社員や同僚に新しい戦略や組織を受け入れてもらうのも、投資家に自社の株式を購入してもらう、あるいは売らないでおいてもらうのも、提携先に新しいプランを合意してもらうのも、すべて相手を説得できるかどうかにかかっている。

しかし、説得がこのように重要であるにもかかわらず、大半の経営者は人の心を動かすどころか、自分の考えを伝えることにすら苦労している。

あまりにも多くの経営者が、パワーポイントのスライド、味も素っ気もない社内連絡メモ、広報部門が作成する誇張だらけの文書など、ビジネスライクに語るツールの類に振り回されている。最も慎重な調査と熟慮の末の試みすら、往々にして皮肉や無関心、真っ向からの拒絶に遭ってしまう。

人を説得するのは、なぜこれほど難しいのか。何が人を熱くさせるのか。このような問いへの答えを求めて、『ハーバード・ビジネス・レビュー』(ＨＢＲ)のシニアエディター、ブロンウィン・フライヤーは、脚本家の養成者であるロバート・マッキー氏をロサンゼルスの自宅に訪ねた。彼の名は世界に知られ、高く評価されている。

賞を受賞した作家、また監督でもある同氏は、ミシガン大学で映画芸術の博士号を取得した後、カリフォルニアに移住。南カリフォルニア大学の映画・テレビ学部で教鞭を執った後、自らツーアートを設立した。ここでは、世界の作家や監督、プロデューサー、俳優、エンターテインメント会社の幹部たちを対象に、ストーリーテリングの真髄を教えている。

マッキー氏に学んだ脚本家や監督、プロデューサーたちは、『フォレスト・ガンプ』『エリン・ブロコビッチ』『カラーパープル』『ガンジー』『モンティ・パイソンと聖杯』『めぐり逢えたら』『トイ・ストーリー』『ニクソン』など、何百ものヒット作を世に出している。彼らが受けた賞は、一八のアカデミー賞、一〇九のエミー賞、一九のウィッターズ・ギルド賞、一六のディレクターズ・ギルド・オブ・アメリカ賞と、輝かしい限りである。

たとえば、エミー賞を受賞したブフイアン・コックス氏は、『蘭に魅せられた男』を脚色しようとする脚本家の人生を描いた二〇〇二年の作品『アダプテーション』のなかに、マッキー氏を登場させている。

マッキー氏はまた、ウォルト・ディズニーやピクサー・アニメーション・スタジオ、パラマウント映画など、映画やテレビ番組制作会社をはじめ、マイクロソフトなどの大手企業の制作コンサルタントも務める。これらの企業は、制作スタッフ全員を定期的にマッキー氏のセミナーに参加させている。

マッキー氏は、経営幹部はパワーポイントのスライドを捨てて、優れた物語の語り手となることにより、それまでとまったく違ったレベルで聞き手を引きつけることができると考えている。

一九九七年に出版されたベストセラー『ストーリー：ロバート・マッキーが教える物語の基本と原則』(注1)のなかで同氏は、物語は「人生の構図を、単に頭脳の働きによってではなく、非常に個人的な感情体験のなかで理解しようとする、人間の深い願望を満たすものだ」と説明している。

以下は同氏とのインタビューを、HBRが編集したものである。

経営者は優れた語り手であれ

フライヤー（HBR）：CEOや経営幹部たちが脚本家に注目すべきなのはなぜですか。

マッキー：CEOの重要な仕事は、ある目的を達成するために人々を動機づけることです。そのためにもCEOは、人々の感情に訴える必要がありますが、人の心に何かを届けるうえでカギとなるのが「物語」なのです。

人を説得するには二つの方法があります。一つは昔ながらの弁論術を用いたものです。ほとんどの経営幹部はこの方法について訓練を受けています。これは知的なプロセスであり、ビジネスの世界では通常、パワーポイントのプレゼンテーションが使われます。「当社の最重要課題はこれです。当社が成長するためには何々をしなければなりません」といったものです。そして、数値や事実を積み重ね、識者の意見を取り入れて議論を組み立てます。

しかし、このような弁論術には二つの問題があります。第一に、聞き手はそれぞれに自分自身の見識やデータ、経験を持っています。つまり、話し手が説得しようとしている間、聞き手は頭の中で反論しているのです。第二に、仮に説得に成功したとしても、それは理性のレベルにすぎません。これでは十分ではありません。なぜなら、人は理性だけで行動するとは限らないからです。

人を説得するためのもう一つの、そして最終的に見てはるかに強力な方法は、ある考えを一つの感情に結びつけることです。そのための最良の方法とは、人の心に訴える物語を語ることです。物語は大量の情報を伝えるばかりでなく、同時に聞き手の感情と活力をかき立てるものなのです。

とはいえ、物語によって人を説得するのは難しいことです。知的な人であれば、机に向かい、要点をリストアップするでしょう。伝統的な弁論術によって議論を組み立てる場合、理性は必要ですが、創造力はあまりいりません。

心に残るくらい強く感情に訴えながら、自分のアイデアを伝えたいのであれば、生々しい洞察力とストーリーテリングの技術が必要です。想像力と優れた物語の原理を自由に操ることができれば、聞き手はあくびをしてあなたを無視する代わりに、立ち上がって嵐のような拍手を送るでしょう。

――物語とは、いったい何でしょうか。

物語とは本質的に、人生の変化とその理由を描いたものです。物語は、人生が比較的安定した状況から始まります。主人公は毎日毎週、同じように会社に出かけ、すべてが平穏です。それが永久に続くと考えています。ところがそこに、人生の安定を崩すような何かが起こります。脚本ではこれを（起承転結の）「起」と呼びます。仕事を変わったり、上司が心臓発作を起こして死んだり、重要な顧客を失いそうになったりします。

物語ではその次に、安定を取り戻そうとする主人公の主観的な期待が、非協力的な客観的現実という壁にぶつかる様子を描きます。優れた語り手は、主人公がこのような抵抗を乗り越える様を描いてみせます。主人公は深く考え、数少ない好条件を活かしながら、困難な決定を下し、危険を承知で行動し、最後に真実を見出します。

有史以前の大昔からずっと、古代ギリシャからシェークスピア、そして現代に至るまで、偉大な語り手は皆、主観的な期待と厳しい現実の間で生ずる、この根本的な葛藤を扱っているのです。

――経営者が物語の優れた語り手になるにはどうしたらよいのですか。

物語は、母親の膝で聞いた時から、何千回も人の心に刷り込まれています。誰にでも、良書を読んだり、優れた映画やお芝居を観たりした経験があるものです。さらに、人間というものは生来的に物語を組み立てることが好きです。

認知心理学者は、人間の心が理解し記憶するために、経験のかけらを集めて物語に仕立てる手順を、次のように説明します。まず個人の願望、つまり人生の目標を述べ、次にその願望を遮る力との戦いを描くのです。物語は、これらを忘れないための手段です。要点や箇条書きにまとめたところで、覚えられません。

企業経営に携わる人々は、自社の過去を理解するだけでなく、将来を見通すことが必要です。では、人はどうやって未来を想像するのでしょうか。

それは、物語として想像するのです。未来に起こりうる出来事のシナリオを頭のなかで創作することで、会社や個人の未来を予想しようとするのです。

したがって、経営者は、経験を物語に仕立てようとする、心の自然な動きを理解すればよいのです。人々を動かすカギは、この衝動を抑えるのではなく、素直に受け入れて、優れた物語を語ることです。

期待と現実のギャップが聞き手を引き込む

――優れた物語の条件とは、どのようなものですか。

期待通りの結果になったという話を、最初から最後まで延々と語ってはいけません。それでは退屈で、平凡です。そうではなく、期待と現実の食い違いとその困難をありのままに描くのです。

たとえば、新興のバイオ企業であるケムコープのCEOがウォールストリートの銀行家に投資してもらう話だとしましょう。

CEOは、ケムコープが心臓発作を予防する化学物質を発見したと述べ、市場規模や事業計画、組織図などを示すスライドを何枚も見せます。銀行家たちはあくびをかみ殺しながら、礼儀正しくうなずきながらも、ケムコープと同じ市場を狙う、しかもより有利な立場にある他社をあれこれ思い浮かべることでしょう。

あるいは、CEOはこのプレゼンテーションを、誰か親しい人、たとえば父親が心臓発作で亡くなったという物語に仕立てることもできます。主人公であるCEOが最初に乗り越えなければならなかった敵は、自然そのものだったというわけです。

話は次のように展開するかもしれません。悲しみのなかで彼は、事前に心臓病を示す兆候を化学的に見つけられていたら、父の死は防げたかもしれないと考えます。彼の会社は心臓発作の直前に血液中に現れるタンパク質を発見し、実施が容易で低コストの検査を開発します。

ここで、次の敵であるFDA（米国食品医薬品局）が登場します。FDAの承認を取りつけるまでにはリスクがいっぱいあります。初回の申請はFDAに却下されました。しかし新たな研究の結果、検査は予想以上の成果を上げ、二回目の申請でFDAの承認を得ることができました。

この間に、ケムコープは資金が枯渇し始め、中心的役割を果たしていた共同出資者の一人が辞任し、何と別の会社を立ち上げました。特許を先に取得するための戦いが始まります。

このように数多くの逆風が積み重なると、聞き手はハラハラ、ドキドキしてきます。銀行家たちの頭のなかに、物語はハッピーエンドにならないのではないかという心配が生じます。聞き手は固唾を飲んで、耳を澄まします。

そこで、CEOは言うのです。「我々は勝ちました。特許を獲得しました。当社は近く株式を公開し、一年に二五万人の命を救うことができます」。銀行家たちはこぞってケムコープに出資するでしょう。

――それは実は、誇張と小細工なのではありませんか。

違います。たしかにビジネスの世界の人間は、いまおっしゃったような理由から物語に疑いを抱きがちです。しかし実際には、数字のほうがひどい嘘のために使われ、会計報告は虚飾の塊ということもよくあります。エンロンやワールドコム（現MCI、ベライゾンの一部門）の例を見てみればわかります。

プレゼンテーションを物語にするように頼まれた時、私はまず質問をします。いわば企業の心理分析のようなことをするわけです。すると、驚くべきドラマが見えてきます。企業と経営者の多くは、汚れ物、つまり困難や敵、苦労を見えないところに隠し、バラ色の退屈な世界を描いてみせます。

しかし、物語の語り手は問題を前面に出して、それらをいかに乗り越えたのかを見せます。現実の敵と戦った物語を語ると、聞き手は語り手のことを、興味をかき立てる躍動的な人間と見るようになります。

物語の手法が有効であることは確かです。私のアドバイスで社長がウォールストリートでおもしろい物語を語った一二社はすべて、資金を獲得していますから。

――前向きな像を描いてみせることは、なぜだめなのですか。

真実とは思えないからです。売上げの伸びと明るい未来を描いたプレスリリースを出すことはできますが、聞き手は皆、そんなに簡単に事が運ぶはずがないとわかっています。会社がまったく清廉潔白でないことも、競合他社が必ずしも悪役でないことも知っています。会社をよく見せるためにバイアスをかけていることも知っています。

前向きな仮想の姿を描いた定番のプレスリリースは、信頼を得ようとしている相手に不信感を抱かせるという点で、実際は会社にとってマイナスなのです。ほとんどのCEOは、自社の広報担当者の言うことを信じていないでしょう。CEOが信じていないものを、どうして世の中の人が信じるでしょうか。

人生を有意義にするものは、けっしてバラ色の出来事ではない。何と皮肉なことでしょう。人生が楽しいことばかりであれば、それに越したことはありませんが、そうはいきません。生きる活力は暗部から生まれます。自分を苦しめるすべてが力を与えるのです。このような負の力と戦うことが、深くそして真摯に、私たちを生きることへと向かわせるのです。

――暗部を認めることで説得力が高まるのですか。

その通りです。なぜなら、真実を語っているからです。優れた物語の原則の一つは、私たちは皆、恐れを抱いて生きていることを理解することです。

人は何が起こるかわからない時、不安を抱き、わかっていても止める方法がない時、恐れを感じるものです。なかでも、死は大きな恐れです。たえず短くなり続ける時間の影の下、すべての人が生きています。そして現在からその時が訪れるまで、あらゆる悪いことが起こる可能性があります。

ほとんどの人は、この恐れの気持ちを押し殺しながら生きています。私たちは恐れを取り除こうと、皮肉を言ったり、騙したり、傷つけたり、無関心を装ったりと、大なり小なりさまざまな残酷な行為に出てしまうのです。

誰しも重圧を軽くし、気が楽になるために、このようにちょっとした罪を犯すのです。そして、自分の悪行に理屈をこねて、自分は正しい人間だと思い込もうとします。

企業も同じです。負の要素の存在を否定し、恐れを他社や社員に押しつけようとするのです。現実主義者ならば、これが人間の本性であるとわかるでしょう。事実、この行動は自然界のすべての基本です。自然界の掟は、生き残るためには次の黄金律に従うことです。

「相手から受けたのと同じ仕打ちを、相手にも返しなさい」

自然なこととして、手を差し伸べた時、相手も手を差し伸べてくれれば、関係はうまくいきます。しかし手を差し伸べた時、相手から悪意が示されれば、こちらもあからさまに悪意を返すことになります。

人間は洞窟のなかで火を囲んでいた頃から、人生の恐れと生存のための苦闘を乗り越える一助として、物語を語ってきました。偉大な物語はすべて、暗部に光を当てています。いわゆる「純粋悪」のことを言っているのではありません。そのようなものは存在しません。

私たちは皆、善と悪の両面を持ち合わせており、せめぎ合いを続けています。元エンロン会長のケネス・レイは、人々の職と蓄えを奪ったのは自分が意図するところではなかったと述べています。

ハンニバル・レクター博士（『羊たちの沈黙』の主人公）は機知に富み、また魅力的な切れ者ですが、人間の肝臓を食べます。物語の聞き手は、人間の暗部を認め、逆境に誠実に立ち向かう語り手の真実味を評価するのです。物語は聞き手のなかに、前向きで、しかも現実的なエネルギーを生み出します。

隠れた真実をさらけ出す懐疑主義者

――悲観論者であるべきなのでしょうか。

楽観論者か悲観論者かという問題ではありません。私から見れば、文明人は懐疑主義者だと思います。懐疑主義者は、見たものそのままを信じることはしません。

懐疑主義は語り手のもう一つの原則です。懐疑主義者は、字面と行間の違いを承知しており、本当は何が起こっているのかを常に知ろうとします。懐疑主義者は、人生の見えない部分にある真実を探します。組織や個人の本当の考えや感情は、意識されず表現もされないことを知っているからです。

懐疑主義者は常に、仮面の下を見ようとします。たとえば街のチンピラは、刺青やピアス、鎖や革で人を驚かせる仮面をつけていますが、懐疑主義者には、仮面は仮の姿にすぎないことがわかります。恐ろしげに見せようと無理をしている人の場合、その中身は弱いに決まっています。本当に強い人間は無理をしません。

――つまり、暗部を認めた物語は、聞き手のなかに前向きなエネルギーを生み出すということでしょうか。

その通りです。人は信じる相手についていきます。私が関わった優れたリーダー、監督、プロデューサーたちは現実の暗部を受け入れています。広報担当者を通して語る代わりに、彼らは俳優たちとスタッフを率いて、映画を製作し、配給し、あまたの観客を集めるという、何千に一つしかない確率にかけて、逆境と戦います。彼らは、自分たちの下で働く人々が仕事を愛し、最後の勝利につながる小さな勝利のために生きていることを理解し、感謝しています。

同様にCEOも、会議のテーブルの頂点やマイクの前から、不景気や激しい競争という嵐のなかで会社という船の舵取りをしなければなりません。聞き手の目を見据えて、本当に厳しい状況を説明し、「これを乗り切るには奇跡のような幸運が必要だが、私はこうするのがよいと思う」と明言すれば、人々は耳を傾けるでしょう。

人を味方につけるには、真実を告げることです。ゼネラル・エレクトリックの話が素晴らしいのは、ジャック・ウェルチのカリスマ性とは無関係です。人生の全体像を描けていれば、複雑な階層のすべてでそれをとらえ、物語としてまとめることができます。素晴らしいCEOとは、自分が限りある命を持った存在であることを受け入れ、その結果、他者に温かい心を抱ける人間です。この温かさが物語のなかで表現されるのです。

たとえば、仕事を愛する心について考えてみましょう。私は何年か前に大学院生だった頃、保険金詐欺調査の仕事をしました。保険金の請求者は、自動車メーカーの組立ラインで頭部に大怪我をした移民でした。この人は窓の部分の組み立てが他の誰よりも速く、自分の仕事に大きな誇りを抱いていました。私が話をした時、彼は頭部にチタンの板を埋め込む手術を受けるところでした。

ひどい怪我だったのに、会社は彼を疑いました。にもかかわらず、この社員は信じられないほど仕事を愛していて、仕事に戻ることしか望んでいませんでした。どんなに単調な作業でも仕事には価値があることを知り、自分を疑うような会社でも仕事に対する誇りを失わなかったのです。

同社のCEOが、この社員の上司が疑ったことが誤りだと気づき、社員の忠誠に報いた物語を語ったら、どんなに素晴らしいことだったでしょう。その物語を聞いた社員は、以前の倍の熱意を持って働いたと思います。

6. Storytelling That Moves People: An Interview with Robert McKee by Bronwyn Fryer

己を知ることが物語を語る第一歩

——語るに値する物語は、どうしたら見つけられますか。

カギとなるいくつかの問いに答えることで、物語を見出すことができます。まず、主人公は人生の安定を取り戻すために何を求めているのだろうかを問います。願望は物語の中心です。願望と言っても買い物リストのようなものではなく、満たされれば、その時点で物語が終わるような中核的な欲求です。

次に、この願望を満たすのを妨げているのは何かを問います。心のなかの疑問、恐怖、混乱なのか。友人や家族、恋人との衝突なのか。さまざまな社会制度との間のあつれきか。物理的な障害か。自然が相手なのか。空気中に広がる死をもたらす病原体なのか。時間との戦いなのか。車のエンジンがかからないことか——。敵は、人間の場合もあれば、社会、時間、空間とそのなかの何もかも、あるいはこれらすべての組み合わせの場合もあります。

その次に、主人公はこれらの敵対する力に打ち勝ち、望むところを達成するためにどのような行動を取るべきかを問います。これらの問いへの答えのなかに、語り手は主人公の人柄の真実を見出します。なぜなら、人間の心は、重圧のなかで下した選択に表れるからです。最後に、物語のなかの出来事を一歩下がって眺め、「信じられる話だろうか。誇張やお涙頂戴の苦労話ではないだろうか。天に誓って真実だろうか」と問うのです。

——優れた語り手であれば、優れたリーダーになれますか。

そうとは限りません。ただ、物語の原理を理解している人はおそらく、自分自身や人間の性質をよくよくわかっている人でしょう。これは優れたリーダーになれる確率を高めるものです。物語の原理を形式的に教えることはできますが、本当に人生を生きたことがない人にそれを教えることはできません。ストーリーテリングには知性が必要ですが、それに加えて人生における、何らかの経験も欠かせません。それは幼児期の痛みの経験です。私は、才能ある映画監督たちを見て、このことに気づきました。

子どもの頃につらい体験をすると、人は軽い分裂症を起こし、人生を同時に二つの視点で見ることができるようになります。一方では直接、いま現在のこととして体験すると同時に、その出来事を脳が素材として記録するのです。人はこの素材から後日、仕事上のアイデアや科学、芸術を生み出します。すなわち、創造的な精神は、自分自身の真実と他者の人間性の両方に切り込むのです。

己を知ることとは、優れた物語すべての前提です。語り手は「もし自分がこの人で、このような状況に置かれたら、どうするだろうか」と自問自答することで、すべての登場人物を自分自身からつくり出します。自分自身の人間性を理解すればするほど、善と悪のあらゆるせめぎ合いから、他者の人間性を感じ取れるようになります。

ジム・コリンズが描く優れたリーダーは、自分自身についてよく知っている人たちであると言えるでしょう。彼らは自己への洞察力と、懐疑主義に裏づけられた自尊心を持っています。

偉大なリーダーもそうだと思うのですが、偉大な語り手は、個人の仮面と人生の仮面のどちらも理解できる懐疑主義者で、この理解が彼らを謙虚たらしめています。彼らは他者のなかに人間性を認め、心温かくかつ現実的に他者と接します。このような二面性は素晴らしいリーダーの条件でしょう。

ロバート・マッキー（Robert McKee）
脚本家養成者兼作家。ロサンゼルス在住。ツーアートを設立し、脚本家養成セミナーを主宰。ウォルト・ディズニーやピクサー・アニメーション・スタジオ、パラマウント映画など、映画やテレビ番組制作会社をはじめ、マイクロソフトなどの大手企業の制作コンサルタントも務める。

［聞き手］
ブロンウィン・フライヤー（Bronwyn Fryer）
『ハーバード・ビジネス・レビュー』（ＨＢＲ）シニアエディター。

6. Storytelling That Moves People: An Interview with Robert McKee by Bronwyn Fryer

INFLUENCE + PERSUASION

7

付箋をつけるだけで説得力は劇的に変わる

ケビン・ホーガン
Kevin Hogan

"The Surprising Persuasiveness of a Sticky Note,"
HBR.ORG, May 26, 2015.

他者に何かをしてもらうには、個人的な雰囲気を加えることが有効

他者に何かをしてもらうために、説得しなければならないことがある。作業を最後までやり通してほしい時などだ。読者の皆さんは驚かれるかもしれないが、依頼に応じてもらうための最も優れた方法の一つは、メッセージに個人的な雰囲気を少しばかり加えることである。そのために、付箋を使うとよい。

テキサス州ハンツビルにあるサム・ヒューストン州立大学のランディ・ガーナーは、一連の優れた実験によって次のことを発見した。(注1) 人を説得するうえで、(a)個人的な雰囲気（パーソナルタッチ）を加えること、(b)相手に「他の誰でもない自分自身が頼まれている」という実感を抱いてもらうこと、の二つを同時に行えば大きな効果がある、ということだ。

ガーナーの実験の目的は、学内の教授たちにアンケートへの回答という作業を全うしてもらうには何が必要かを調べることだった（アンケートはしばしば、分量が多く退屈なものである）。コミュニケーションの手段は学内便でのやりとりのみ。実験の可変条件は付箋の使い方である。

ある実験で、五〇人の教授からなる三グループ（合計一五〇人）を設け、グループごとに異なる依頼をつけて五ページのアンケート用紙を送付した。

- **グループ①**が受け取ったアンケート用紙には付箋がついており、そこには手書きでこう記されている。「少しお時間をいただきますが、アンケートにご記入ください。ご協力に感謝します！」
- **グループ②**のアンケート用紙には、同じ手書きのメッセージが付箋ではなく添え状の右上に書かれている。
- **グループ③**のアンケート用紙には、手書きのメッセージはなく添え状のみ。

さて、その結果はどうなったのか。

- **グループ①**：教授たちの七六％がアンケートを提出した。
- **グループ②**：四八％がアンケートを提出した。

・グループ③：三六％がアンケートを提出した。

付箋はどれぐらい有効なのか

この実験結果を他の状況に対しても一般化するためには、付箋がなぜこれほど効果的なのかを理解する必要がある。ちっぽけなこの物体は、人間の行動反応を強く誘発する要因をいくつも備えているのだ。

(1)付箋は場所を取り、やや雑然とした印象を与えるため、（貼られた紙面や物の）環境になじまない。したがって人間の脳は、「付箋を取り除きたい」と判断する。
(2)前記(1)が理由で、人はまず最初に付箋に注意を向ける。付箋を無視するのは難しい。
(3)個人的なメッセージが書いてある（実験でのグループ②とグループ③の相違点）。
(4)そして何より、付箋は「一人の人間が、別の大切な誰かにメッセージを伝えている」ということを象徴している。たってての頼み事や特別な依頼のような印象を与えるため、受け手に「自分は重要な存在なのだ」と感じさせる。

ガーナーは、付箋の効果についてさらなる調査をせずにはいられなかった。二度目の実験では、空白の付箋も使って以下の方法でアンケートを配布した。

- **グループ①**が受け取ったアンケート用紙には付箋がついており、そこには一度目の実験と同じ手書きのメッセージが書かれている。
- **グループ②**のアンケート用紙には、何も書かれていない付箋がついている(効果が付箋そのものにあるのか、それともメッセージにあるのかを検証するため)。
- **グループ③**のアンケート用紙には、付箋はついていない。

結果は以下の通りだった。

- **グループ①:**六九%がアンケートを提出した(最初の実験結果に近い)。

・グループ②：四三％がアンケートを提出した。
・グループ③：三四％がアンケートを提出した（最初の実験結果に近い）。

実際に効果を発揮するのは、どうやら付箋そのものではなく、付箋によって表現されるもの――相手とつながっているという感覚、作業の意義、そして個人性のようだ。「アンケートの送り手は、（アンケート用紙ではなく付箋にメッセージを書くという）特別な方法で、〝他ならぬ私に対して、個人的に〟助けを求めている」と感じさせるのだ。

ただし、依頼の順守について考える際には、実際に提出したかということのほかにも検討すべき点がある。依頼を実行する早さ、そして作業の質だ。ガーナーは実験によって、追加のアンケートに付箋をつけると提出が早まるかどうかを調べた。さらに、付箋の有無によって回答者が記入する情報量が違うかを測定した。結果は次の通りである。

・グループ①（付箋あり）は、返信用封筒に入れたアンケートを平均でおよそ四日以内に提出した。

・グループ②（付箋なし）は、平均でおよそ五・五日以内に提出した。

しかし最も顕著な違いは、グループ②よりもグループ①のほうがコメント量が有意に多く、自由回答式の質問への答えも長かったことだ。

さらなる実験によって、次のこともわかった。作業の実行や順守が容易である場合、付箋に書く依頼の文言はシンプルでよい。しかし作業が複雑なものである場合は、個人的なメッセージをより多く記した付箋のほうが大きな効果を上げた。

どうやって個人的な雰囲気を醸し出すか

では、依頼に個人的な雰囲気を盛り込むにはどうすればいいだろうか。短いメッセージを書き込むだけでも効果はあるが、相手のファーストネームを最初に記し、末尾に自分のイニシャルを書き込めば、相手が応じてくれる可能性は格段に高まる。

私は、「依頼の個人化」というこの手法を世界各地でビジネスパーソンに活用して大きな成果を上げてきた。たとえば、私が協力した住宅ローン・ブローカーは、郵便物の送付にこの方法を用いたところ、ローン希望者からの電話件数が倍になった。この方法が有効なのは職場やクライアントとのやりとりにおいてのみではない。一緒に住んでいる人なども、付箋に反応するはずだ（洗面所の鏡に貼ってみて、結果をご覧あれ）。

近年では、個人的なメッセージを記した付箋がデジタル化されてメールで用いられるようになったが、その効果は一様ではない。デジタル付箋が最も効果を発揮するのは、発信者と受取人がすでに会ったことがあるか、知り合い同士である場合だ。

結果をすぐに出すためのセールスレターならば、受取人が書き手を直接知らない場合、デジタル付箋の効果は限られる。既存のクライアントや顧客に送るセールスレターでの効果については、さらなる検証が必要である。

読者の皆さんが今後、同僚に何かを依頼し応じてもらう必要がある時、あるいはクライアント候補に製品ポートフォリオを渡して検討してもらう時に、付箋を試してみるといいだろう。個人的な雰囲気を少し醸し出すだけで、お望みの結果をはるかに得やすくなるはずである。

ケビン・ホーガン（Kevin Hogan）

心理学博士。説得術や影響力、ボディーランゲージ、セールスの専門家として国際的に活躍する。二〇冊を超える著作があり、邦訳には『なぜあの人からつい「買ってしまう」のか』（三笠書房）、『「できる人」の話し方&心のつかみ方』（阪急コミュニケーションズ）などがある。

Harvard Business Review
Emotional Intelligence
INFLUENCE + PERSUASION

8

「感情に訴える営業」の重要性

マイケル・D・ハリス
Michael D. Harris

"When to Sell with Facts and Figures, and When to Appeal to Emotions,"
HBR.ORG, January 26, 2015.

いつ直感に働きかけ、いつ理性に働きかけるべきか

たくさんの情報を提示しながら売り込む営業と、買い手の感情や潜在意識に訴えかける営業がある。営業担当者は、どの場面でどちらを用いればよいのだろうか。いつ直感に働きかけ、いつ理性に働きかけるべきなのか。

情報を駆使し理性に訴えるやり方は、買い手を〝分析まひ〟にさせてしまうことも多い。特に製品やサービスが複雑な場合には、その傾向が顕著だ。にもかかわらず、多くの人々は情報にばかり頼った売り込みを続ける。その結果、商機はやがて潰えてしまい時間が無駄になる。したがって営業担当者は、相手の直感に働きかける力をもっと磨かなければならない。

人が理性への訴求を選んでしまいがちなのは、自分自身が理性的だと信じているからである。私たちは、真面目な重役が感情で物事を判断することなどありえないと思い込んでいる。感情による意思決定は不合理で無責任なものだと見なしているからだ。

しかし、直感による判断にも相応の正当性があるとしたらどうだろう。心理学者や行動経済学者は近年、感情に基づく判断は不合理でも理不尽でもないことを明らかにしてきた。無意識

的な判断にはそれなりの理由があることがわかってきたのだ。

人は経験に深く根差した無意識下の認知処理システムによって、膨大な量のデータを苦労せず処理できる。一方、意識的な判断には大きな制約がつきまとう。人間の作業記憶（複雑な認知作業を遂行するために、短期的に情報を記憶するプロセス）には限界があるため、新しい情報を一度に三～四個しか処理できないのだ。(注1)

たとえば「アイオワ・ギャンブリング課題」と呼ばれる実験では、感情にまつわる脳領域が、報酬を最大にする方法を無意識のうちに正しく判断できることが示された。(注2) 被験者には、四組のトランプの山が与えられる。そして、好きな山からカードを引いていくと擬似貨幣の報酬金がもらえるが、なかには罰金を取られる〝はずれ〟のカードもあると告げられる。ゲームの目的は、できるだけ多くの報酬金を得ることだ。

被験者には、トランプに仕掛けがあることは知らされていない。実は四組のうち二組の山はローリスク・ローリターンで、引き続けると報酬が増えるようになっている。もう二組は報酬額も大きいが〝はずれ〟も多く、引き続けると損をするようになっている。こちらの危険な山を避けるのが、合理的な選択だ。

そして被験者は五〇枚ほどカードを引いたあたりで、危険な山を避けるようになったのだ。ところが、その理由を説明できたのは八〇枚目に達してからだった。論理のほうが、実際の無意識的判断より遅かったわけだ。

また、被験者の不安を計測したところ、カードをたった一〇枚引いた時点で、危険な山への不安を抱き始めていたことがわかった。やはり直感は論理より早いのである。

人間は過去の判断を正当化しがちである

ハーバード・ビジネス・スクール教授のジェラルド・ザルトマンは、人間の購買意思決定の九五％は無意識のうちに行われると述べている。では、なぜ人間は過去の意思決定を振り返った時に、感情的な判断をした数多くの場面を思い出せないのだろうか。それは、顕在意識が何かにつけて理由を考え出し、潜在意識での決断を正当化しているからだ。

てんかん患者を対象としたこんな実験がある。(注3) 被験者は、てんかんの発作を防ぐために左脳と右脳をつなぐ脳梁を切断された人たちだ。研究者は被験者の右脳に、「廊下の先にある冷水器まで行き、水を飲んでくるように」というメッセージを送った。被験者が立ち上がって部屋を出ようとすると、今度は反対側の左脳に「どこに行くのか」と尋ねるメッセージを送った。左脳は（右脳と分断されているために）冷水器に関するメッセージは認識していない。はたして左脳は「わからない」と認めただろうか。答えはノーだ。「ここは寒いから、ジャケットを取りに行く」といった、もっともらしい理由をでっち上げたのだ。

自分の過去の意思決定を参考にできないとしたら、論理と感情のどちらに訴えて売り込むべきか、見極めはどうすればいいのだろう。

一つ大まかなルールを紹介しよう。単純な案件は理性に訴え、複雑な案件は直感に訴えるとよいのだ。

この結論を裏づける研究が二〇一一年に行われている。(注4) 被験者の課題は、四台の中古車のなかから最も良い一台を探すことだった。四台は燃費効率など四つのカテゴリーで評価されており、ある一台は傑出して状態が良い。このように変数が四つだけの〝簡単な〟判断状況では、情報を参考に意識的に決定した人のほうが、無意識的に決定した人に比べて一五％高い確率で最良の車を選択した。

ところが、変数(評価項目)を一二個に増やして意思決定を複雑にすると、無意識的に決定した人のほうが四二%も高い確率で最良の車を選んだのだ。大量の情報によって顕在意識に過度の負荷がかかることは、他の多くの研究でも指摘されている。

このように、自社の製品に対する顧客の感情に影響を与えたければ、望ましい感情が湧き出るような体験を提供する必要がある。

製品が複雑な場合、その価値を顧客に体験してもらう最良の方法の一つは、顧客の生きたストーリーを共有することだ。研究によれば、ストーリーは視覚や聴覚、味覚、行動を処理する脳の領域を活性化させることがわかっている。(注5) 八五枚ものスライドがあるパワーポイントのプレゼンで大量のデータを垂れ流すような営業とは、対照的なアプローチが必要なのだ。

感情に基づく判断は不合理だと決めつける前に、こう考えるとよい。感情とは、潜在意識における判断を顕在意識に伝える手段なのだ。

マイケル・D・ハリス（Michael D. Harris）

営業活動を支援するインサイト・デマンドCEO。日立ソリューションズアメリカ、SAP、イートン・コーポレーションなどを顧客に持つ。著書に*Insight Selling*（未訳）がある。

注

2. 人を動かす「説得」の心理学

1) Ellen Berscheid and Elaine Hatfield Walster, *Interpersonal Attraction*, Addusib-Weskey,1978.
2) Sharon S. Brehm and Jack W. Brehm, *Psychological Reactance*, Academic Press, 1981.
3) Edited by Gardner Lindzey and Elliot Aronson, *The Handbook of Social Psychology*, 3rd ed., Random House, 1985.

5. 共感力は強力な武器となる

1) "Dustin Hoffman on TOOTSIE and his character Dorothy Michaels," American Film Institute, https://www.youtube.com/watch?v=xPAat-T1uhE&feature=emb_title

6. ストーリーテリングが人を動かす

1) Robert McKee, *Story: Substance, Structure, Style and the Principles of Screen-writing*, It Books, 1997.（邦訳『ストーリー:ロバート・マッキーが教える物語の基本と原則』フィルムアート社）

7. 付箋をつけるだけで説得力は劇的に変わる

1) R.Garner, "Post-It Note Persuasion: A Sticky Influence,"and "What's in a Name? Persuasion Perhaps," *Journal of Consumer Psychology*, 2005.

8.「感情に訴える営業」の重要性

1) N Cowan, "The magical number 4 in short-term memory: a reconsideration of mental storage capacity," *Behavioral Brain Science* 24, no.1(February 2001):87-114.
2) A Bechara et al., "Insensitivity to future consequences following damage to human prefrontal cortex," *Cognition* 50, no.1-3 (April-June 1994): 7-15.
3) Michael S. Gazzaniga, "The Split Brain Revisited,"*Scientific American*, July 1, 1998.
4) J. A. Mikels, et al., "Should I go with my gut? Investigating the benefits of emotion-focused decision making.," *Emotion* 11(4), 743–753 (2011).
5) G. Everding, "Readers build vivid mental simulations of narrative situations, brain scans suggest,"*Medical Xpress*, January 26, 2009.

『Harvard Business Review』（HBR）とは

ハーバード・ビジネス・スクールの教育理念に基づいて、1922年、同校の機関誌として創刊され、エグゼクティブに愛読されてきたマネジメント誌。また、日本などアジア圏、ドイツなど欧州圏、中東、南米などでローカルに展開、世界中のビジネスリーダーやプロフェッショナルに愛読されている。

『DIAMONDハーバード・ビジネス・レビュー』（DHBR）とは

HBR誌の日本語版として、米国以外では世界で最も早く、1976年に創刊。「社会を変えようとする意志を持ったリーダーのための雑誌」として、毎号HBR論文と日本オリジナルの記事を組み合わせ、時宜に合ったテーマを特集として掲載。多くの経営者やコンサルタント、若手リーダー層から支持され、また企業の管理職研修や企業内大学、ビジネススクールの教材としても利用されている。

冨山和彦（とやま・かずひこ）

経営共創基盤（IGPI）グループ会長
日本共創プラットフォーム（JPiX）代表取締役社長
ボストンコンサルティンググループ、コーポレイトディレクション代表取締役を経て、2003年 産業再生機構設立時に参画しCOOに就任。解散後、2007年に経営共創基盤（IGPI）を設立し代表取締役CEO就任。2020年10月より現職。2020年日本共創プラットフォーム（JPiX）設立。
パナソニック社外取締役。経済同友会政策審議会委員長、財務省財政制度等審議会委員、財政投融資に関する基本問題検討会委員、内閣府税制調査会特別委員、経済産業省産業構造審議会新産業構造部会委員ほか政府関連委員多数。
東京大学法学部卒、スタンフォード大学経営学修士（MBA）、司法試験合格。

ハーバード・ビジネス・レビュー［EIシリーズ］

人を動かす力

2021年8月31日　第1刷発行

編　者――ハーバード・ビジネス・レビュー編集部
訳　者――DIAMONDハーバード・ビジネス・レビュー編集部
発行所――ダイヤモンド社
〒150-8409　東京都渋谷区神宮前6-12-17
https://www.diamond.co.jp/
電話／03･5778･7228（編集）　03･5778･7240（販売）

ブックデザイン―コバヤシタケシ
製作進行――ダイヤモンド・グラフィック社
印刷――――勇進印刷（本文）・加藤文明社（カバー）
製本――――ブックアート
編集担当――前澤ひろみ

ISBN 978-4-478-10794-2